爱情信息差

孙能能 著

别再为爱自卑了

九州出版社

JIUZHOUPRESS

序言

很多来访者会问我一些需要明确答案的问题，比如：

我怎么做才能脱单啊？

他这样做是喜欢我吗？

我们是异地恋，我和他在一起有未来吗？

我爸妈不喜欢他，我该不该和他分手？

从我做咨询的经历来看，我知道其实很多姑娘在提出这些问题之前，在心里已经有了自己的答案，她们隐约知道自己应该做出怎样的选择，但有时却会因为惯性的作用而不得不在原有的生活轨迹上，滑向一个她们并不憧憬的未来。

我们都明白，改变必然是伴随着疼痛的，但对疼痛的恐惧却会阻碍我们迈出改变的第一步，所以很多时候我们不快乐就是因为在该行动的时候想得太多，而又在需要思考的时候无法停下脚步。就好比我们遇到了一个喜欢的人，在还没有跟对方产生过多交集的时候就过早地进行了"自我攻略"；而当我们需要静下心来想想一段关系是不是应该继续的时候，却总是刻意忽略已经出现的问题，只为了换取多一天的安宁。

我曾经特别希望真的有一本类似于"爱情宝典"的情感问题大全，只要每个遇到感情问题的人都能照着上面的解题方法去操作，就能解决很大一部分在感情中产生的困惑。

但是就像世界并不是只有黑白两面一样，很多感情问题也不是用对错来评断的是非题。我不可能去告诉大家"你该这么做"或者"你不能这么做"，事实上，任何想要试图轻易去左右别人自由选择的做法都是不负责任的。人生在世，个中滋味，只有经历过的人才能体会。

我们每个人都是别人生活的旁观者，却又可以在别人的故事里或欣慰或感叹，我希望能够更多地帮助那些找我倾诉、向我求助的朋友。每个人都有不愿意轻易对别人言说的隐秘，我不想辜负每一个愿意和我分享心事的朋友，我觉得他们都是很勇敢的人，因为他们可以直面自己内心的煎熬和痛苦，并愿意积极地去消解这些情绪所带来的不良影响。

生活中很多人为了避免痛苦对自己造成的伤害，都会去尽自己最大的努力忽略它，想着只要它在我们生活中的比重变小了，我们的痛苦也自然会显得无足轻重了。但其实身体有它自己的运作方式，它有时是无法被我们的理智所左右的：看到让我们兴奋的事物，瞳孔就会不受控地变大；遭遇了重大的心理创伤，眼泪就会不由自主地掉下来。

我们过得究竟算不算好，我们的身体会告诉我们，所以我们需要重视身体给我们的提示。比如，我们不能委身于一个条件好，但身体却抗拒跟他接触的人；比如，我们不能忽略自己的感受，去成全一个根本不会为我们考虑的所谓爱人。

萨特说："他人即地狱。"我们无时无刻不在和别人争夺着对自己的主观定义权。我们作为自己的主体，理应对自己有着最为充分的感知和理解，也不免会处在和别人的博弈当中，尤其在感情里，那些似有若无的较量都让我们的亲密关系显得暗流涌动。

之所以这么多年来，两性的话题始终能引起大家持续的关注，就是因为即便我们说尽了各种情感模式，却还是道不尽人们的个中心情。我想，也许你能从我带来的这些故事中或多或少地从不同的角度去了解不同人的想法和做法。如果你正处在一个难熬的阶段，我想告诉你，跟着自己的心去做选择就好了，没有什么是过不去的，只要你向前走出第一步，那么路就在你脚下了。

目 录

第一章

越懂事，
就离爱情越远吗

第二章

恋爱里，
有的人花心思，有的人耍心眼儿

第三章

找对象，
真实比优秀更重要

第四章

要结婚，
还是不要感情用事

～～／＼～

第五章

婚姻里，
哪有那么多理所当然

～～／＼～

第 一 章

越懂事，
就离爱情越远吗

怎么找到靠谱的男朋友

有一个经常被感情问题困扰的姑娘问我，为什么她找了那么多不同类型的男朋友，却没有找到一个靠谱的呢？

有的人谈过很多次恋爱，最后都无疾而终；有的人只谈一次恋爱，就找到了属于自己的幸福。我们当然不排除这里面多少会存在一些运气的成分，但事实上，想要找到一个靠谱的男朋友也并不是一件难于登天的事情。

我问了很多感情幸福的姑娘，从她们那里总结出了以下五条找男朋友的标准，也许你可以试着对照一下。我希望这些标准至少能给那些在感情上感到迷茫的姑娘一点儿比较实用的参考。

第一条：男人的原生家庭是否幸福。

当你准备和一个男人交往的时候，首先要关注他的原生家庭。简单来说，就是他父母的相处模式大概率决定了你们未来的相处模式。我们看他的原生家庭并不是看他家有多少钱，而是看他的原生家庭给予了他多少爱。要知道，父母早期给孩子的爱才是一个人一生最宝贵的财富。如果我们能在父母那里得到无条件的爱，那我们大概率也会具备好好爱别人的能力，而这种能力才是爱情当中的"硬通货"。

在很多父母关系破裂的家庭中，孩子的爷爷奶奶或者姥姥姥爷会主动充当起持续地用爱养育小孩的重要角色，所以只要是在一个稳定的、有安全感的环境下成长起来的男人，也是值得托付的，如果他和抚养自己的长辈之间的关系是和谐融洽的，他心中的感情从小是有寄托的，那就没有什么需要担心的。毕竟有些人的父母关系很好，但是他们因为常年没有办法得到父母的照顾而被养在姥姥家或奶奶家，也能健康无忧地长大成人。

但有些在糟糕的家庭环境中成长起来的男人确实会存在一些心理缺陷或性格问题。比如，极度缺乏安全感，无法轻易相信别人；或者性格极端，容易钻牛角尖，控制不了自己的情绪，没有征兆地突然暴怒；有些甚至还会出现家暴的倾向。这些都是女孩子一定要警惕的，跟这样的人在一起是不会得到幸福的，甚至需要担心自己的人身安全。

需要注意的是，有的男人从小生活在一个正常的家庭环境当中，但是他的父母对他溺爱或苛责，也很有可能对他的性格造成不好的影响。比如，没有担当、喜欢逃避，或者极端叛逆，他的这些性格特点也很有可能会给你们的感情带来很多不稳定的隐患。

也许你觉得你喜欢的是这个人，不管他的背后是什么样的家庭，那只代表了他的一部分过去，对他的现在和将来并不会产生多么大的影响，那么就要继续参考下一条了。

第二条：男人是不是眼高手低。

也就是看这个男人有没有把自己的想法付诸实践的能力。换言之，就是不要听他的口头承诺，而是要看他肯不肯为了自己的目标去付出努力。否则他给你描绘的未来越美，你在面对现实的时候就越失望。

有些男人在年轻的时候会有点儿自视甚高，他们自信满满、踌躇满志，觉得自己天生就是做大事的人，所以在找工作的时候这个看不起、那个看不上，可又不去为了自己的梦想而努力，所以就只能活在理想和现实的夹缝中，从而变得越来越愤世嫉俗。

有些男人曾经为了梦想而努力奋斗，但是因为经历了社会的磨炼和锤打，觉得自己当初的想法太不切实际，于是自暴自弃，放弃了梦想和努力，觉得满足于现状也没什么不好，何必把自己逼得喘不过来气呢？

而更多的男人其实一直找不到自己想要做的事情，他们没什么梦想，不会去追究生活到底有什么意义。有些家庭条件很好的男人也是这样，他们从小生活在优渥的环境里，被照顾得很好，导致他们没有什么追求和理想，因此尽管他们很善良，但有时会显得不是很有责任心，遇事也不太有主见。

所以如果你想选择一个能过日子的男朋友，他的家庭条件如何，有的时候并没有那么重要，关键是要看他有没有明确的目标，能不能脚踏实地。

第三条：他能不能坦然面对逆境。

这考验的是男人的逆商，简单来说就是看这个男人是否具备抗压能力。这一点对任何一个人来说都是非常重要的。

在逆境中如何自处其实是看一个人在面对困难的时候会做出怎样的选择。不说那些很大的困难，就说我们生活中有可能会遇到的事情，假设一个男人在开车去上班的路上把人撞了，他会下意识地逃跑，或是自己处理，还是找朋友帮忙，抑或是直接打电话向父母求助？

因为涉及另一个人，所以在这种精神压力较大的情况下，男人必须在很短的时间内做出决策，这个时候就能看出其在遇到困境时会下意识地选择什么方式去应对了。

谈恋爱的时候遇到的现实考验毕竟有限，男人在大多数情况下只要处理好自己的问题就可以了。但婚后就不同了，男人有时候还必须拉着另一半走出困境，如果你选了一个只会逃避的男人，不要说什么美好的生活，有的时候还会酿成惨剧。

记得家乡多年前就发生过这样一起悲剧，女人在离家不远的铁道上卧轨自杀了。知情者给我讲述了女人卧轨的原因是前男友马上刑满释放，得知女人已经嫁给别人，扬言出去以后要报复他们，女人向自己的老公求助，可是她老公根本没有想过自己居然碰上这种事情，在恐惧和无措之下，不停地责怪女人是祸水。女人万般无奈，选择了用自己的生命去了结这件事情。

所以，你应该知道能坦然面对逆境是一件很难的事情，你要找的那个人至少不该在你本身已经陷入绝境的时候，再狠狠地推你一把。

别再为爱自卑了

第四条：他是不是和你有着相似的三观。

也就是看你们能不能聊得来。我们很容易因为一些外在的条件和瞬间的激情迅速地进入一段感情，然而相处下来却发现双方看待世界的底层逻辑大相径庭。你每天积极向上，对成功充满渴望，喜欢接受新挑战，尝试新的事物，而他总是循规蹈矩地生活，不喜欢惊喜，也讨厌意外，认为生活够吃够喝就行，干吗去追求那些有的没的。

或者你根本不想去当什么拯救地球的超人，只想守着一个爱你的老公，生一个可爱的孩子，享受自己幸福的家庭生活。而他不能接受自己在平庸的生活里沉沦，毕生的梦想就是在自己热爱的事业上有所建树，平时根本不着家，甚至常常为了完成工作睡在办公室。

那么，显然你们都没有办法从对方的身上找到你们所需要的认同感，一个拼命地跑，一个费力地追，永远没有办法同频，早晚有一天会出问题的。你们不如放过彼此，去找个更适合自己的人也未尝不可。

所以你要从自身情况出发，认真地考虑一下自己想要的是什么样的男人，你对自己的人生伴侣有怎样的要求，对方是不是能很好地符合你的要求，这远远比盲目地去追求一个优秀的人要有意义。

第五条：他能不能让你更喜欢自己。

这是最重要的一条。简单来说，就是他会不会经常夸你，或者你能不能感受到他从心底对你的欣赏和认可。

有的男人就是喜欢盯着另一半的不足和错处，一开口就是各种挑剔和指责，他们总是忍不住要去"纠正"另一半的言行，可能他们也是为你操心，也是抱着"为你好"的初衷让你少走弯路。他们会否定你的想法，告诉你只有照他们的想法做才行得通，可是这样的做法总让人有种不舒服的感觉。他们似乎总是以一种高高在上的姿态对你指指点点，却不愿意温柔地俯下身来平视你的诉求。

如果不能保证两个灵魂的平等和自由，那相爱又有什么意思呢？有多少人在爱情里习惯了对最亲近的人去做是非评判？"你这么做不对""你应该这么做"……你需要的是一个在你犹豫不决的时候能推你一把的人："你就勇敢去做你想做的，就算是错的，就算会失败也没什么大不了的。"你需要的是在你孤注一掷的时候能第一个站出来支持你的人："就算全世界都不理解

　　　　　　　　　　　　　　　　　别再为爱自卑了

你，我也相信你，因为你在我眼里就是最棒的。"

被人坚定地相信着，被人坚定地爱着是会给予人力量的；一直被否定、打压和指责只能让人越来越糟糕。一段好的爱情会成就一个更好的你，而一段糟糕的爱情只会不断消耗你的生命能量，所以远离那些消耗伴侣的男人是很重要的。

事实上，尽管找到一个靠谱的男朋友有时看上去是一件很困难的事情——每个女孩子都对"靠谱"有着自己的理解，也对自己的男朋友有着各种不同的期待——但说到底，判断对方究竟是不是值得托付的良人，还是要遵从自己内心的感受：你需要认真地想一想，和这个男人在一起后，你有比之前更快乐吗？或是你有比之前变得更自信吗？如果答案都是否定的，那么我真的希望你能好好考虑一下你们之间的这段关系了。

你会陪一个男人长大吗

我发现，如今越来越多的女孩子不愿意为了找个对象而降低自己对另一半的要求了。我向一个女性朋友询问为什么她宁愿单着，也不愿意去找一个"差不多"的男人。

她的回答很简单："没必要。"

我又问她："你难道就不想试着找个潜力股赌一把吗？万一成功了呢？"

她反问我："为什么要赌呢？我赌了不一定能赢，但如果不赌的话，我就一定不会输。要做到不输就已经很难了，我哪儿还有赢的奢望啊！"

我们没有再就这个话题继续聊下去。

是啊，我们可以为了自己的梦想去赌，可以为了家人的未来去拼，因为我们会给自己打气，会给自己希望，有了希望，我们才会去尝试下注，而下注，当然就是为了得到期待的结果。对善于筹谋的人来说，可控的因素越多，不可控的因素就越少，到最后自己的胜算也越大。

可如果要把将来所有的日子都和一个可能成为潜力股的男人深度绑定，无疑就是把喜欢追求安全感的人推入一种无休止的焦虑之中。你只想现世安稳，而他却一直怂恿你穿过那片丛林去山的那边看看，他怎么知道山的那边是不是有个天坑在等着你们？

很多男人不理解为什么女人非要找个喜欢的人才肯结婚，这社会上多的是二十来岁的小伙子，说不定运气好，遇上个几年之后就能飞黄腾达的潜力股，到时候女人想要什么得不到呢？如果只看眼前，也未免对很多适婚男性太不公平了。

可很多女人却认为有没有钱不是最重要的，虽然她们嘴上喊着要找个有钱人，但到了真正要找对象的时候，她们就会把精神需求排到第一位。在亲密关系中，如果女人在精神上得到了安慰和满足，就算经济状况不太好，还搭上了自己的青春，那段和另一半共同度过的时光对她们来说也不会是毫无意义的。只有在她们的柔情再也不被对方珍视时，她们才会觉得过去和这个男人的一切都是对自己生命力量的消耗。

在大多数情况下，女人会把过得好当成终极目标，而男人会把结了婚当成终极目标。

很多男人认为能结婚就等同于过得好，而在女人眼里，能结婚和过得好恰恰是两码事。

男人喜欢把婚姻当作一枚勋章，骄傲地把它挂在自己胸前，通过这样的方式来证明自己在情场上的辉煌战绩，至于之后他们选择光荣退伍还是重回战场，那就是另外的故事了。大不了就是再添几枚崭新漂亮的勋章，到时候他们的兄弟会拍着他们的肩膀，羡慕地调侃道："哟，你小子还真是可以啊，真有你的！"

到了女人这里，情况就大不一样了。不同于很多男人"先试试，不行再说"的态度，婚姻对女人来说，实在意味着太多太多，它迫使女人把精力分散到太多和自我发展不大相关的事情上去。比如，怎样去跟另一半的家庭相处，如何承受分娩之苦，如何从繁重的工作中挤出时间去解决教育和抚育子女的问题等，都是需要大多数结了婚的女性去面对的。

我们都明白，结婚绝不仅仅是一个郑重的仪式和几句动人的承诺，它牵涉很多现实的问题。从怎么赚钱、怎么花钱，到两个人时间的安排和分配，再到要不要小孩、小孩怎么养、老人怎么照顾……这些都是逃不掉的话题。更不要说要是夫妻两人当初在一起时，感情基础就比较薄弱，那仅有的一点儿感情也会被琐碎的日常消磨殆尽，取而代之的是各种怨怼、失望和互相指责。

所以，结婚有时并不能走向幸福，它也可能是一个不幸的开始，有的人觉得到站了就可以下车，而有的人觉得车外就是万丈深渊，从踏出车门的那一刻起，自己的安稳日子也就到头了。比起对未知的恐惧，有些人还是宁愿待在那辆破车上跟着它一起走向一个可以预见的未来。

那些勇敢下车的女性又会遭遇怎样的对待呢？尽管我们都希望每一个勇敢的女性都能得到支持和鼓励，但现实的情况比我们想象的更加复杂。

我的一个女性朋友几年前跟丈夫离了婚，她之所以提出离婚，是因为她不止一次发现丈夫出轨。

最开始的时候，她因为没有办法接受丈夫的背叛想要直接离婚，但后来她的丈夫又是声泪俱下地忏悔，又是删除对方所有的联系方式，还颇有诚意地把自己的聊天软件密码全都告诉了我的朋友。我朋友一时心软，决定给自己一个和他从头来过的机会。

谁知道几个月后的一个下午，她觉得丈夫在回复她消息的时候显得心不在焉，突然有了一种不好的预感，于是她拿出iPad，那个iPad之前同步登录过她丈夫的微信，没想到iPad刚拿出来，就弹出了一条另一个女人发来的消息。

她后来跟我形容，当时她感觉自己的气血上涌，一下子就冲到了脑子里，那一瞬间脑子完全是蒙的，拿着iPad的双手也因为愤怒和伴随着的轻微恐惧变得冰凉颤抖。

看起来丈夫和那个女人正聊得热络，她清清楚楚地看到了女人发来的每一条消息。那个女人问朋友的丈夫什么时候去看她，说她很想他，答应给她买的包什么时候送她……可以感觉到，那个女人似乎不知道朋友的丈夫已婚。朋友说她当时只有一个想法，就是觉得自己完全被当成了傻子，她想不通为什么这个男人可以这么嚣张地看轻她的智商，男人当初被发现出轨后信誓旦旦地把自己所有的密码都告诉了她，如今却堂而皇之地在她眼皮子底下和别人在网上聊得火热。

别再为爱自卑了

朋友一时之间竟然分不清蠢的究竟是自己还是那个男人，只觉得这一切都太荒唐了，这个男人已经嚣张到懒得骗她了吗？智商被侮辱的愤怒远远超过了她再次被背叛的痛苦。她仔细回想了丈夫之前的样子：见到美女总要不受控地多聊几句；总以工作为由出差，一出差就失联；好几次见到他的朋友，他朋友总是一副欲言又止的样子……原来一切早已明明白白地摆在那里，只是她没有——或者说不愿意去细细追究。她对他的信任竟然被堂而皇之地当成他出轨路上的"通行证"。

她庆幸当时结婚还不到一年，没有小孩，也没有怀孕，所以不用顾忌太多。她强迫自己镇定，快速收拾好行李，觉得自己没有办法再和这个侮辱自己的男人在同一个空间哪怕共处一天。她在心里已经做出了离婚的决定，并且在第一时间把这个决定告诉了自己的家人，然后给丈夫打了电话，说她要去趟公婆家送些东西，让丈夫下了班也过去一趟。

弟弟担心姐姐出事，陪着她一起去了她公婆家。

朋友跟公婆说因为自己的丈夫出轨，所以已经决定离婚，来这里告诉他们是因为好歹相识一场，自己曾经一度喊他们爸妈，他们有权利知道她离婚的原因，也有权利知道他们眼中那个听话的宝贝儿子到底是个什么样的人。

老两口儿起初无法相信，说自己的儿子是绝对不可能做出这样的事情的。不一会儿，朋友的丈夫就被老两口儿叫了回来，进门后，她丈夫发现气氛不对，在了解了事情的原委后，因为自己的丑事被揭穿一时间恼羞成怒，指着我朋友责骂道："就为这么点儿小破事儿，你至于闹到爸妈这里吗？你不嫌丢人吗？再说了，我为什么这样你自己心里没数儿吗？你每天为了你所谓的事业不着家，有没有在乎过我的感受，你看你现在还有一点儿女人该有的样子吗？"

我朋友原本有一肚子的委屈和怒火，她想要一个答案，想知道丈夫为什么要把她当成一个彻头彻尾的大傻子，为什么要一而再，再而三地欺骗她、背叛她，但听完这番话后，她觉得再也没有任何纠缠下去的必要了，她平静而决绝地跟他说："既然这样，那就离婚吧。"

公婆见状也不再安抚我朋友了，换了一副嘴脸，威胁她说："你可想好了，我们儿子离了婚倒没什么关系，等着他离婚再嫁给他的姑娘可多着呢。你就不一样了，你离了婚就是个二手货，哪个男人愿意要你？就算是那些离过婚的男人，人家也愿意找个黄花大闺女，你这种结过婚的会怎么样，你自己可得想好了。"

接下来的一场混战可以想见，朋友在弟弟的保护下才没有在混乱的厮打中受伤。临走前朋友放下狠话："××市就这么大，但我希望你以后就算看见我也要绕着走，因为我发誓，以后我见你一次，就打你一次！希望你这个人和你的那些破事儿，从此以后在我的世界里彻底消失！"

可后来的事情却像她前夫父母说的一样，在离婚后不久，她就听到了前夫再婚的消息，她却因为担心再次被欺骗而不愿意轻易走入一段婚姻。

她的身边偶尔也有家人和朋友给她介绍新的对象，但介绍给她的都是些离过婚的男人。她一直以来就很向往爱情，却想不通为什么幸福对她来说这么难。

当初认识前夫的时候，虽然前夫比她大几岁，但她很清楚，他在为人处世方面还有很多不成熟的地方，可当时的她觉得这些都不是问题，只要有他的爱，她就愿意陪他一起成长，总有一天，他会成为她心目中最好的那个人。

她把他放到了自己未来的规划里，她想和他经营一家小小的公司，一起做业务，一起赚钱。她不在乎他家没钱，也不在乎结婚的时候是她们家提供的婚房，她觉得他们当时已经认识两年了，她足够了解这个人，他对自己那么温柔细心，只要他能一直这么爱她，她就愿意陪他长大，他们就能幸福地走下去，日子也总会好起来。但他的爱在短短的三年之后就消失了，走到这一步，他们之间还剩下什么呢？

后来，她也不再想着结婚，她说从前觉得爱情对自己来说是必需品，她对爱情也没有什么不切实际的幻想，只要对方对她好，在她需要的时候陪她聊聊天就可以了。可事到如今，爱情对她来说实在是太奢侈了。

越来越多的女性不愿意进入婚姻就是因为有着太多的顾虑，她们害怕爱会消失，害怕丈夫的背叛，害怕当时不顾父母反对也要坚持选择的人最终果然像父母说的一样不可托付，害怕自己心软，害怕给丈夫一次又一次伤害自己的机会，害怕得不到一句真诚的道歉，害怕离婚后遭到前夫家庭没有来由的羞辱。再强大的女性，在经历过一段糟糕的婚姻后也会心有余悸。

也许对一些人来说，从一开始就不抱希望，要比有所期冀之后而大失所望的伤害低一些。

和男性在家庭生活中的作用不同，女性背负了太多的压力。

妻子、儿媳、母亲等诸多社会角色被加到女性身上后，社会还要求女性具有极强的包容性和忍耐力，这就很容易让人产生想要退缩的感觉。所以对一部分女人来说，爱情和婚姻并不是她们生活当中的必需品，因为当一件事情被强制性地赋予了太多意义时，我们就很难用平常心去对待它，也不会抱着试试看的态度轻松入场。

那些想找个人陪自己长大的男人，可能当下根本就没有别的办法留住眼前的女人，所以只能为对方编织一个美好的未来。但未来究竟是什么样子呢？就连他们自己都心里没底。如果两个人本来的差距就不大，又能在这个过程中实现同步成长，就很有可能得到好的结果。可如果两个人在起步时就差距很大，那被落下的人要多么努力地追赶才能实现最终的共同成长呢？

男人一旦在拼命追赶的过程中感到委屈，就很容易把这样的委屈转为一种对另一半的恨。这个时候他会觉得就是因为这个女人他才会这么辛苦，或者觉得自己都已经这么努力了，怎么女人还是不知足？她怎么一点儿都不懂感恩？她要离开自己还不是因为自己没钱，女人怎么就这么现实？

这类似于"斗米养恩，石米养仇"的道理，"济人可一时，不可一世"。对女人来说，就算你愿意无私地陪伴一个男人，帮助他成长，给他一切你手里的资源，可难保那个自认为矮你一头的男人不会在这个过程中不断蓄力，想要有朝一日狠狠地给你一记响亮的耳光，用报复的方式做些能够伤害到你的事情，为的就是让你出丑难堪，把你从他臆想中那个高高在上的位置上重重地拖下来，以达到他心理上的某种平衡。

　　所以如果你真的碰上这样的男人，而你又愿意陪他成长，那么就要在心理上做好向下兼容的准备，最好不要在他的面前表现出任何优越感，因为你必须想办法呵护他脆弱的自尊心，这是陪他成长的第一步。

　　可话又说回来，谈恋爱、结婚本来就应该是一件自然又让人开心的事情，如果搞得这么小心翼翼，随时绷紧神经，总是担心说出伤害对方的话，那这样的恋爱谈得还有什么意思呢？把陪伴男人成长的精力都花在让自己成长上，我们收获的确定性岂不是更大吗？

　　所以，你会陪一个男人长大吗？

　　　　　　　　　　　　　　别再为爱自卑了

远离 PUA 的法宝

我曾经在一段视频里看到过这么一段情侣之间的对话：

男人看着雪地里穿着大玩偶服玩得很开心的女友，很不理解地说："我都告诉过你多少次了，别做这种傻事，你看看你这个样子，实在是太诡异了！"

女友毫不在意地回他："是，你是说过，但我从来都没有答应过要听你的话呀！"

女人说完回到雪地里，自顾自地继续玩起来。

你可以表达你的期待，但如果我想做的事情并不符合你的期待，那么对不起，我就不能按照你的期待去做，因为唯一可以左右我的，只能是我自己的感受。

你也许还遇到过这样的情景。

在一群上级和同事的面前做工作汇报，你事先练习了很多遍，于是开始自信满满地说出很多天前就准备好的汇报内容。

你在心里鼓励自己：开场白说得还不错，好好发挥，领导和同事肯定会发现我的努力和优秀……

所以你在汇报的同时偷偷观察了一下大家的反应，发现前排的经理突然皱起了眉毛，旁边的那个小张也看起来没精打采、兴味索然的样子。是我讲得不够精彩，还是哪里出现了问题？你开始有些怀疑自己。

你不自觉地紧张起来，担心自己讲的内容不太吸引人，刚才好不容易鼓起的勇气也瞬间消失了，你讲话的声音越来越小，讲稿的内容也因为刚才的分神而在记忆里变得模糊不清。你只好即兴发挥，整个汇报也变得磕磕巴巴、颠三倒四。

这个时候，从人群里传来了细碎的闲聊声和嬉笑声，你觉得他们肯定在讨论你、嘲笑你，紧张和羞愤让你涨红的脸越来越烫，你觉得自己的承受力已经达到了极限，再这么赤裸裸地暴露在人群中实在是太令人恐惧了，所以你草草结束了原本精心准备的汇报，逃命似的回到了自己的座位。

我们有时就是会不受控地被别人的反应影响，轻易地就产生畏惧退缩的行为，但事实有可能并不是我们想象的那样。

前排那个经理，可能是因为他身体有些不舒服所以微微皱起了眉；旁边的那个小张可能是因为昨天加班到深夜，这么一大早被抓来听报告，实在是太困了。他们的这些表现可能跟我们的表现没有任何关系，可被我们捕捉到后，就被错误地归因为"是我表现得不好"。

关注别人的反馈是必要的，但我们有没有必要那么在乎别人的反馈呢？或者换句话来说，是不是我们只愿意接受别人的认同，而拒绝接受来自别人的不同的声音呢？

在我们不能坦然地接受外界的批评时，倘若恰巧我们平时又是一个不太自信的人，那么我们就会为了得到别人的肯定，而不自觉地做出一些符合别人期待却违背自己本心的事情。

在正常的情况下，我们委屈自己去满足别人的做法是会得到对方的赞许和感激的，这也许正是我们劝自己做个有求必应的好人所希望得到的。

可在 PUA 的关系里，就算我们拼尽全力想要满足对方，也很难得到我们所期待的那句"做得不错"，取而代之的反而是冷漠的无视和刻薄的贬损。这无异于一种精神上的虐待。

上学的时候，你夜以继日地做题，终于考进了年级前十名，老师却说你全靠死学，要拿到年级第一，还得靠天生聪明。你终于考到了年级第一，老师却说偶尔考个第一不能说明什么，有本事就每次都考第一。你终于每次都拿第一，老师却说别看现在拿第一，以后的路还长，女孩肯定没有男孩后劲儿足，按照其个人经验，最后能考上重点大学的大都是那些后劲儿足的男孩。

PUA 最可怕的地方就在于此，我们只是想在做得好的时候得到一句鼓励的话，但得到的永远只有"你这垃圾，还差得太远呢"。即使内心再强大的孩子，也难以在这样持续的打击中幸存下来。毁掉一个孩子最常见的方法，就是经常在他做得好的时候去打压他。这招对自尊感较低的成年人也同样适用：先制造一个绝对的权威形象，然后把人禁锢在一个无法轻易逃离的情境中，不断向其灌输"只有我说的才是对的，你不听我的话，就要受到羞辱和惩罚"的想法。

或许你也遇到过这样的老板：他会把自己的公司说得非常厉害，承诺给你优厚的待遇和光明的前景，但在你入职后，情况就完全不一样了。他首先会在各方面观察你、挑剔你，一开始嫌你的业绩差，等你的数据终于做起来后，又会嫌你的预算高，等你终于把预算压下来，他又会说你性格不太好，"别总埋着头自己干活，你看看人家×××，性格好，业绩也好，你还是要多和同事搞好关系，要不像你这样的人以后肯定走不长久"。当初承诺的待遇是绝不可能兑现的，反而你稍稍不合他的心意，他就会用扣钱来威胁你。"你这么一无是处的人，离开我的公司根本不会有人要你。"毕竟打压别人是成本最低的树立自己权威的方法。

进行情感操控的核心就是利用人的紧张和恐惧，让被操控的人变成一个怯懦又顺从的提线木偶。操控者没有给被操控者制定一个我们认知当中早已约定俗成的奖惩规则——做得好就赏，做不好就罚。而是把自己当成一个权力滔天、为所欲为的暴君，他想罚你的时候就罚你，跟你做得好或不好根本就没什么关系。

即使被操控的人做再多想要证明自己的事情，操控者也会毫不留情地否定对方的能力和价值，他要通过把对方贬得一无是处来稳固自己在关系中的绝对主导地位。

在感情关系中同样如此，有些动机不良的男人一开始会用各种示好的手段把女孩拉进感情关系中。他们会竭尽所能地在女孩面前展现出自己的优秀，即使不优秀也没关系，假装自己优秀也是可以的，类似于包装自己的微信朋友圈等低成本的手段在很多女孩身上也是奏效的。或者对女孩采用甜言蜜语的攻势，比如，"宝贝，你看谁像我这样为你操心？在这个世界上没有人会比我更爱你了"等，诸如此类，也会让很多没什么感情经验的女孩子非常受用。

如果说到这一步还算是正常恋爱的必经过程，那么从女孩掉进甜蜜的陷阱之后，这些罪恶的猎手就会露出白森森的獠牙，一点儿一点儿啃食那些女孩的自尊。

进入了第二个阶段的操控者就会开始对猎物的试探了。他们会先说一些伤害女孩自尊心的话，然后观察女孩们的反应，像是"你怎么连这点儿小事都做不好？""你怎么这么蠢啊？""你是猪吗？""你看你丑成这个样子还有谁会要你？"这些并不是开玩笑似的调侃，而是严肃且正经的侮辱。他们也有可能会直接玩消失，故意对女孩的信息视而不见，为的就是让她们担心对方会离开自己。

女孩经受了一段时间的精神折磨后，理所当然地想要离开他们，在痛定思痛后，女孩终于决定放手。这个时候，他们就会瞬间变脸，再次出现在女孩面前，跟她们说对不起，求她们再给自己一次机会，以后再也不敢这样了。他们看准了女孩容易心软，极尽哄骗之能事，为的就是困住这些还在被驯化的"猎物"。

而女孩一旦选择了原谅他们，重新回到他们的身边，并想象着男人这么努力追回自己，一定会有所改变的，现实就会再一次让她们陷入绝望，男人的示好和打压会间歇性地交替出现，这使得女孩的情绪也不断随着对方态度的改变而产生巨大的波动。他们偶尔给的甜头会不断刺激着女孩去无底线地满足他们的要求，而他们的要求无法被满足时对女孩所进行的侮辱和冷暴力，则会让女孩随时处在一个无比畏惧的状态。

他们的喜怒无常会带给女孩强烈的不安，女孩也知道一定是哪里出了问题，但感情毕竟是两个人的事情，个中感受只有身处其中的人才能更加清楚。就算有朋友好言相劝，女孩也还是没有办法彻底摆脱这样的情绪牢笼，只能在这牢笼中越发敏感焦虑。

直到女孩被折磨得精疲力竭而放弃了挣扎，失去了判断力，"猎人"们的杀戮时刻就到来了。他们会向女孩随意地发号施令，让她们拿出自己的钱，献出自己的身体，甚至是她们的生命，来证明她们的爱和真心。

和我们越亲近的人，对我们造成的影响就会越大。试想如果一个和我们毫不相干的陌生人跑到我们面前，对我们指手画脚，我们内心大概率是不会有什么波澜的，最多可能会觉得自己今天倒霉，碰上了一个疯子；可如果来批评我们的是和我们关系很近的人，我们内心受到影响的可能性就会变大，不过即便如此，我们还是会保持一定的理智，只要别人不这么认为，我们就仍然有足够的底气去反驳他的批评。

那么，如果我们的世界里只有几个人呢？就像小孩子的世界里只有爸爸妈妈一样，如果爸爸妈妈对小孩进行长期的打压，那将会严重地摧毁小朋友的自尊心。他们会认为自己不管做出怎样的努力都无法达到爸妈的要求，那他们所有的努力和付出还有什么意义呢？到头来强势的爸妈所能得到的最好的结果，就是培养出听话又敏感的孩子，糟糕的结果更是难以预料——有的孩子在重压之下得了抑郁症，有的孩子会认为自己是个废物，决定就这么颓废一生。

而最危险的情况就是我们的世界只剩下那个所谓的操控者。

控制一个人就意味着全面限制他的自由——他的活动空间和思维空间。操控者不允许自己的猎物接触除了自己以外的其他信息源，这样才能达到操控的最佳效果。

在恋爱关系中想要实施PUA，对女孩进行隐形隔离也是一种常用的手段。不过在驯服过程的初期就对女孩进行隔离显然是不现实的，这些所谓的"男朋友"会循序渐进地阻断女孩和身边人的联系。他们可能会打着爱的旗号逼迫女孩减少那些在他们看来没什么必要的社交，根据自己的喜好随意删除女孩社交软件里的好友，以担心对方的安全为由严格限制对方的出行时间，尽量减少女孩和外部世界的联系，更过分的是会直接没收女孩的手机，安装监控，让她们时时生活在他们的监视之下。此外，他们还会占有女孩财物的支配权，以达到自己为所欲为的最终目的。

什么样的人不容易被PUA呢？或者说，我们怎么做才能不被PUA呢？

就像这篇文章开头提及的那个女孩，她不会因为男友不喜欢她穿着大号的玩偶服走出家门就停止去做这件事情。这并不是什么违背社会规则和道德规范的事情，所以只要这件事让她觉得开心，她就会乐此不疲地继续做下去。就算最为亲密的男友不喜欢，可那又怎样呢？他有不喜欢的权利，而她也有这么做的权利。

因此，不要那么害怕别人会"不喜欢"，我们之所以会害怕，是因为我们总会把这样的"不喜欢"想象得太过沉重。而担心别人"不喜欢"的人，往往也不太善于向别人表达自己的"不喜欢"。

我们不能坦率地表达自己的感受，很多时候是因为在得到结果前，就已经预设好了很多负面的回应，这就使得我们因为担心被拒绝、被否定而压抑自己的真实需求。说到底，就是我们的脸皮太薄了。只要我们站在街上去观察一下那些发传单的人，就会知道被人拒绝是件多么稀松平常的事情了。只要我们能够调整好心态，在被拒绝的时候就不会有那么强的得失感了。

很多时候我们不喜欢被否定，正是因为我们害怕自己真的就像别人所批评的那样，有着种种的缺点和不足。我们就是很难做到和自己的不完美和解，因为我们从小就被教育要"拿优秀、考第一"。可是，又有谁规定我们必须做到最好呢？不做到

　　　　　　　　　　　　　　别再为爱自卑了

最好就不配拥有快乐的生活吗？有缺点就不配被人爱吗？

我们真的不必过度反省自己，不要把一切糟糕的结果都归咎于自己不够好。因为一时的挫败就被彻底打倒，到头来苦的只有我们自己。举个很简单的例子，我的朋友在前公司的半年里，每个月的业绩都无法达标，可后来换了另一家相关行业的公司，他在第一个月就赚到了之前半年都赚不到的钱。他说："其实不是我能力有问题，可能就是之前的公司不适合我。"有的时候我们是需要坚持的，但如果真觉得自己已经达到了极限，那就不要再硬撑了，果断放自己一马，多换几条跑道也未尝不可。

成功固然有它世俗的标准，比如，考上了名校，开的公司上市了，住上了豪宅别墅……但对人的一生来说，成功和失败总是交替出现的，一时的失败不能说明什么，最关键的是无论经历怎样的失败，都不要轻易否定自己。我的高中同学因为没能考上大学而失意了很长时间，但他从小就喜欢摩托车，因为一次偶然的机会，他开始到处筹集资金，终于在一段时间后把他心心念念的摩托车店开了起来，没想到他没过几年就在这个领域做得风生水起，前几年甚至还组建了自己的车队。

成功可以为自信加分，但"相信自己"一定是先于成功而存在的。除了我们自己，谁都没有办法去决定我们的价值，因为没有人会比我们更了解自己。我们同样也不必急着向别人证明什么，生命自有它的节奏。我们不需要因为优秀而变得自信。相反，只有在我们平凡又普通的时候，我们的自信才显得那么无可撼动，那么坚不可摧。

　　远离 PUA 最好的办法就是远离那些想要 PUA 我们的人，但如果他们是我们的父母亲戚，是摆脱不掉的单位领导，是那些我们实在避无可避的人，那千万要记得求助，去找朋友倾诉，去做心理咨询，一定要把内心的沮丧和难过释放出来。我知道对每个被 PUA 过的人来说，坦率地说出自己受到的伤害和内心的煎熬并不是一件容易的事，但我们必须试着把自己的注意力分散到别的人或者自己感兴趣的事情上，才能尽量避免在自我攻击中越陷越深。

　　大部分喜欢 PUA 别人的人都是些自卑又可悲的人，他们擅长见人下菜碟，只敢对那些看上去温柔和善的人下手，而且他们总会抓着对方最在意的点拼命打压，至于那些看上去就不好欺负的人，他们是根本不敢去招惹的。他们总自以为是，认为自己可以洞察人心，轻易地拿捏和摆布别人，但在真正阳光而自信的人面前，他们就会觉得自己阴暗又弱小，所以真的不要把这些可悲的人所说的话放在心上。

"你就是脑子笨！"

"对呀，我就是脑子笨，我脑子笨都能考这么好，要是我脑子好点儿，还不拿个全国第一啊？"

"你的业绩怎么这么垃圾？"

"对啊，我的业绩确实垃圾，要不然老板怎么会把我交给你呢？你这么厉害，我可得跟着你好好学，给公司多做贡献呢，要不然我们小组考核不达标，你的年终奖也得泡汤吧？"

"你长得丑、身材差，性格也不行，除了我谁会要你？"

"是哦，要不然你以为我为什么会找你？你去街上找找，那些盘靓条顺、性格还好的姑娘会多看你一眼吗？别做梦了。"

"你怎么这么不让人省心？我当初就不该生你，你就是个累赘！"

"妈，那我这个累赘可得一直缠着你，要不你就把我打包一下，重新塞回你肚子里吧，或者你在肚子上系个大兜子把我装进去，这样我就不能到处惹事了，你也就可以彻底放心了。"

尽量不要表现出愤怒，也不用过多辩驳，这不是要我们流露真实情感的时候，而是要我们进入战备状态的时候。在对方已经向我们宣战的情况下，我们就必须收敛真实的感受，因为接下来我们的反应会决定他们之后对待我们的态度。我们的愤怒和辩解是 PUA 的人所乐于看到的，他们本来就是想通过我们情绪上的震荡来试探和操控我们。

　　我们会愤怒，那说明他们戳到了我们在意的点，而我们进行辩驳，则说明了我们在乎他们对我们的看法。这样会使得他们在今后的交往中，乐此不疲地对我们进行密集而重复的攻击。所以如果我们不能做到真的不在乎，那就装作不在乎，冲他们笑笑："对呀，你说得对，所以呢？"如果你连这样的话都没有办法说出口，下次就试着在那些心怀恶意的人对你恶语相向时，一言不发地盯着他们，盯够十秒，然后转身离开。我相信在这之后，他们对你的态度会发生改变。

对你使用冷暴力的人是在乎你吗

生活中总有一部分喜欢和爱人冷战或者经常使用冷暴力的人，他们喜欢用一种拒绝沟通的消极态度来向另一半发泄他们的不满，而被他们冷暴力的另一半却是备受折磨。

我有个好朋友被她的前任冷暴力过两次，第一次持续了一个月，第二次持续了半个月。但我朋友被冷暴力的原因并不是和前任闹了矛盾，只是前任在工作上遇到了不顺心的事，就把自己的矛头转向了我的朋友，莫名其妙地对她阴阳怪气、爱搭不理。

我朋友说她当时心里特别难过，自从他们在一起后，他只要一不高兴就不爱理人，每次都要她让着、哄着，对方才能慢慢恢复正常。跟他在一起的那段时间里，朋友的状态总是很差，每天都觉得很没有安全感，生怕自己说错什么，做错什么，只要她前任不开心，她就得跟着遭罪。

为了维系那段关系，她除了妥协没有别的更好的办法，所以尽管她挣扎了很久，但在第三次遭到冷暴力的时候，她还是准备向对方低头。作为好朋友，我实在不愿意看着她在这种糟糕的关系里越陷越深，所以我问她：

"你什么时候这么没有底线了？他到底哪里好，需要你这么一而再，再而三地低三下四？他将来能帮你买车买房，还是能提高你的生活质量？他能和你分担未来生活的风险吗？能和你同舟共济吗？要是以后遇到困难，你敢保证他不会抛下你吗？"

我朋友沉默了，显然她心里早就已经有了答案。

我继续对她说："那他凭什么还这么对你？既给不了你安全感，也给不了你经济上的支持，你们结婚以前他就是这个样子了，你还指望他结了婚以后会变好吗？婚后大概率就是他还是学不会去照顾你的感受，他依然会在自己不开心的时候对你爱搭不理，不管你在生活上遇到困难，还是在经济上遇到困难，他都会视而不见，你确定这就是你要的？"

一段时间之后，我朋友突然来找我，说自己已经和那个男人分手了，尽管当时我的话让她很难接受，但她说后来静下来想想，她的前任就是一个极度自私的人，她觉得他的性格太别扭了，有什么话不能直接说出来吗？非要用这种上不了台面的方式搞得大家都不痛快。如果当初跟他不是男女朋友的关系，她压根儿就瞧不上这种男人，更别说还要把以后的幸福交到这种人的手上了。

但话说回来，如果这种男人在追求你的时候就使用冷暴力，你是肯定不会傻到和这样的人在一起的。相反，他们会在追求你的初期对你特别好，而等你习惯了他的好，对他产生了依赖，他就会试探性地突然冷落你，给你们的关系降温。但就像在燃烧的炭盆里淋了一小捧凉水，炭火是不会因为这一点儿凉水而被轻易熄灭的，它反而会因为凉水蒸腾出更多的热气。

你只能安慰自己他之前还是挺好的，可能只是他遇到了什么烦心事，只要你肯包容他、多哄哄他，他很快就能好起来。但他这种冷淡的状态会越来越频繁地出现，而且每次出现后持续的时间会越来越长。可他越是冷落你，你就越是想要焐热他，你发现你会开始不断反思自己，你会开始怀疑究竟自己哪里没有做好才会遭到这样的对待。但你找不到答案，你也不可能找到答案，因为错的根本就不是你。于是你想找他问个清楚，你开始疯狂地找他，但你越是着急地想要得到他确切的回答，他就对你越不耐烦，直到你慢慢陷入绝望，他才会再次出现在你面前，给你带来希望。

这种对你情绪的极限拉扯带给你一种失而复得的满足感和"他一定还爱我"的错觉，所以即使在这个时候他随便扯一个很烂的理由很敷衍地向你示好，你也会轻易地原谅他，而他几乎不用为自己所犯的错误付出任何代价，还会在任何一个他不开心的时刻变本加厉地折磨你。

可你有没有想过，你并没有做错什么，为什么要受到对方这么残酷的惩罚呢？他如果真的爱你，又怎么会冷眼看着你陷入痛苦和绝望呢？而且，你觉得对你使用冷暴力的人心里是在乎你的吗？

我想，他心里可能只有他自己，他只会由着自己的情绪，高兴了就逗你几下，不高兴了就叫你别去烦他，至于你的情绪和感受，他根本就不会考虑。凉薄、自私、冷血之人，不仅不会产生愧疚，反而在看到你痛苦时会感到发泄愤怒后的快感和

　　　　　　　　　　　　　　　　　別再为爱自卑了

满足。所以冷暴力的本质已经无关爱与不爱的问题了，它体现一个人的自私程度，关乎一个人的人品。所以即便这个人是你曾经深爱过的，但爱过就爱过了，找个对自己好的人吧，他的自私根本就配不上你的无私。

第 二 章

恋爱里，
有的人花心思，有的人耍心眼儿

甜蜜又辛苦的异地恋

我有一个从未谈过恋爱的程序员朋友,他平时看上去不太会和女孩子相处,是那种比较木讷的男生。

有一天他很高兴地向我们宣布自己有女朋友了,我们很好奇这"铁树"到底是怎么开花的,他说自己和女朋友是在网上认识的。

包括他的女朋友在内,我们当时一致认为这段"网恋 + 异地恋"实在是太不靠谱了,但他的态度却非常坚定。为了打消女朋友的顾虑,让她彻底放心,我朋友二话不说,直接把自己的身份证和毕业证都拍下来发给女孩。

从他和女孩在一起的第一天起,他每天早上起来的第一件事就是给女孩发语音,看着不苟言笑的一个人,在给女孩发语音的时候会特意模仿天气预报员的声音,温柔地提醒女孩要注意天气的变化。

他知道女朋友偶尔贪吃，即使在生理期的时候也会管不住自己的嘴巴，所以他会认真地记录好女孩生理期的具体日期，在女孩临近生理期的时候就开始提醒她该吃什么、不该吃什么。女孩爱吃什么、不爱吃什么，他都记得很清楚；有时女孩无意间说自己突然想吃什么了，他都会默默地下好订单给她送去。

他们网恋满一个月的时候，我朋友飞去女孩所在的城市。第一次在线下见到女孩，我朋友害羞到完全不敢直视女孩的眼睛。尽管自己身上都是大包小包的行李，可他还是主动接过了女孩手中的包，把提前订好的花送到女孩的手里，然后磕磕巴巴地向她表白，青涩的样子就像个初中生。

他们很快就进入了热恋期，因为是异地，我朋友为了给足女朋友安全感，把自己的微信朋友圈背景设置成了女孩的照片。不仅如此，为了经常想着女孩，他还把自己的手机屏保也设成了女朋友的照片。他说男人就是要给女朋友安全感，这是他作为男朋友的责任。

我朋友在感情中是一个特别细心的人。有一次他因为太累睡着了而错过了女朋友的消息，醒来以后，他在第一时间把自己的定位发给了女朋友，并跟她说她随时都可以查看他的位置。

在休息的时候，我朋友喜欢打两把《王者荣耀》，但他怕自己和其他女生组队打游戏女朋友会吃醋，所以在他和女朋友确立关系以后，就再也没有和网上的女孩组队了。他说就想让自己的女朋友安安心心地做个被宠爱的小女孩，他不想辜负她的信任，他要让她觉得所有漫长的等待和坚持都是值得的。

所以，没有不靠谱的认识方式，只有不靠谱的恋爱对象。可能有的人就是没有办法接受异地恋：没有牵手、没有拥抱、没有亲吻，甚至不能在想要看到对方的时候就轻易地跑去见他，你生病的时候他无法陪你去医院，你们吵架了你也只能关掉手机自己慢慢消气。这确实会给人一种不真实的感觉，有的时候你甚至会觉得只要网络断掉，网络那边的人也随即会消失一样。

但在这种远距离的恋爱中我们会学着成长，因为它让我们知道了即使是在爱情当中，我们也会有无法及时得到反馈的时候，所以在长久的等待中，我们必须学着忍耐。我相信在异地恋的过程中，我们会给自己更多的时间去规划我们的生活，当我们已经明确地知道那个人不会立刻出现在我们身边的时候，就能真切地明白爱情并不是解药，我们不可能把所有棘手的问题都分摊到另一半的身上，在人生这条孤独的道路上，我们需要的不过是一点儿温暖的守候。

所以，追求及时行乐的人是无法通过异地的考验的，异地恋也不是简单地把我们的生活分成了"和他见面的日子"和"等着和他见面的日子"。比起和一个真实的爱人相处，在分开的那段日子里，可能我们更要学会的是和爱情本身好好相处。

你可能会一遍又一遍地反复看他手写的长信，也会找出两人的照片一张一张地翻上很久，看到可爱的手机壳就立刻下单送他好和你的凑成一对，听到好听的歌也会在第一时间顺手分享给他。

在没有工作的日子里，他会一直和你开着视频，直到你在镜头前静静睡着，他也不舍得把视频关掉。你会像往常一样和他开着玩笑："不服就来打我呀，反正你也打不着。"下一秒他就让你出来开门，这次他是真的从千里以外赶来看你了。

异地恋比普通的恋爱需要花更多的心思，也需要更多耐心的倾听和更多坦率直白的表达。异地恋表达爱最真诚的方式就是愿意把自己的时间花在对方身上，不管是发语音还是开视频，主动去分享自己的日常生活是可以给对方带来安全感的，不用去担心会不会打扰到对方，我们需要让彼此感受到自己是被记挂着的。如果什么事情都埋在自己心里，久而久之，感情自然就会变淡了。

遇到不能及时联系对方的时候，最好事先告诉对方，或者在忙完之后给对方一个解释，因为很多时候误会就是这样产生的：自己不好好说清楚，反倒怪对方不体贴，最后自己委屈不说，还丧失了对方的信任。

当然，可能在某一个普通的早上，你收到对方的信息，他说他感觉累了，可能没有办法再继续维持这段感情了；或许会有更诚实的人直接向你摊牌，说他喜欢上了别人，所以不愿意再欺骗你的感情了。还有可能你抓到了对方出轨的证据，他后悔莫及求你原谅。到了这一步，你对他也没必要心软了，因为他的后悔可能只是因为他觉得自己没有做好保密工作，后悔被你抓到，而并不是对自己出轨这件事情感到抱歉。

遥远的关心有时就是抵不过一个有温度的拥抱。他如果真爱你，是不会花大把时间和别人搞暧昧的；他如果还珍惜你们的这段感情，是不会抱着侥幸的心理解开自己的裤带的。异地恋和其他形式的恋爱都是一样的，都可能会出现出轨的情况，所以在遭到背叛的时候，及时止损是比较明智的选择。无论你们在一起多久，只要对方做了伤害你的事情，马上分手，比一直在这段糟糕的关系里继续挣扎要好得多。

当然，如果幸运的话，有的异地恋人最后会结束异地，修成正果。我的朋友和她老公是在大学的时候恋爱的，大学毕业后，她和男方遵从了各自父母的意愿，分别回到了自己的家乡。她本以为两人就像很多校园情侣一样毕了业也就分道扬镳、天各一方了，所以虽然他们两个人都没有明确地提出分手，但她在心里已经觉得他们两个人是再没有可能的了。

尽管如此，他们在毕业之后的很长一段时间里都还是保持着频繁的联系。她当初和我说，她早就做好了心理建设，男方在任何时候跟她提出分手，她都会坦然地接受，并且真心地祝福他往后的日子能一直幸福下去。

她说她当时一直在用告别的心情去面对男方，但日子就那样一天天过去，她这一告别就是整整五年，她不但没有收到宣告他们爱情完结的通知书，反而把和他的碎碎念变成了一种无法轻易改变的习惯。

直到有一天她突然意识到除了那个人，她再也不愿意去重新了解、接纳并爱上一个新的人了，因为每当她遇上还不错的男人时，总喜欢在心里默默地把远方的那个人拿出来比较一番，最后总会得出"眼前的男人也不过如此"的结论。她说她知道自己完蛋了，可能这辈子也离不开他了。

也就是在明白了这一切的时候，我朋友很快做了一个决定，她要和那个男人在一起，尽管时隔多年，她在面对他的时候已经不会再有怦然心动的感觉。事实上经过了这么多年，她也清楚地知道了怦然心动并不是爱情的全部，有时就连她自己都觉得自己心动的次数太过频繁，以至于"怦然心动"这个词在她的字典里都显得不够矜贵了。心动实在是太过容易了，在街上随便看到个帅哥都会有心动的感觉。所以她需要的也不再是乍见之欢，久处不厌才是她所看重的。

她说这么多年下来，他从来没有对她发过脾气。因为长久以来的默契，每当她要生气的时候，他都会马上转移她的注意力，及时替她灭火，所以原本急脾气的她和他在一起后，也变成了一个情绪越来越稳定的人。

她知道不管她做出什么样的决定，他都会义无反顾地支持她，所以当她说自己准备结束异地和他结婚的时候，他就欣然

别再为爱自卑了

同意，并且马上和她商量好了未来的生活。

他们在婚后仍然持续了一段时间的异地生活，但她并没有因为没有和老公生活在一起而有任何不安全感，反而很享受每个周末全力奔向对方的快乐。

直到我朋友的事业有了起色，并且得到了去公司总部的晋升机会，她才和老公筹划一起搬到公司总部所在的城市，结束了长达七年的异地生活。尽管大城市的生活节奏比从前快了，但他们却过得比从前更加幸福。

异地恋有的时候就是一场考验，它考验着对方，也考验着我们自己。在感情的世界里本来就没有那么多绝对的事情，如果我们足够爱一个人，是一定会经常想着他的，就算隔着千山万水，也会为了心里的那个人拒绝一切外界的诱惑。而那些以距离为借口拒绝和你在一起的人，与其说他们对自己没有信心，不如说他们其实并没有那么喜欢你。

大叔值得托付吗

我常问身边那些和大叔结婚的女孩：当初为什么不去选择年纪相当的男孩子，而是和比自己大很多的男人在一起？

得到的答案总结起来主要有这几方面：这些大叔一般经济独立，工作多年后拥有了一定的社会地位；在为人处世方面他们褪去了青涩和冲动，因此变得更加稳重得体；最重要的是他们给女孩的爱足够包容宠溺，他们乐于为自己的小女朋友规划安排她们的人生，许她们一个无忧的未来。

我承认成熟的男人是有他们独特的魅力的，这些都是长时间在社会上摸爬滚打过的人才能得到的"勋章"。他们的从容自信，他们的进退有度，他们的体贴细心都深深吸引着一些未经世事的懵懂少女。

但或许你也和我一样，总觉得哪里有些奇怪，这么多看上去很美好的形容词排列在一起却堆砌不出爱情的样子：他们在众人面前的从容自信可能意味着他们坚信自己已经掌握了社会丛林中行之有效的生存密码，任谁也不能轻易动摇他们早已形成的固有经验，作为一个合格的女朋友，当然只有乖乖听话的份儿了，毕竟他们作为过来人，是不想看着自己的女人再走弯路的；大叔的进退有度有时是为了避免自己过早地陷入感情，转而选择以游戏的态度进行反复的引诱试探，让不谙世事的女孩因为他们的忽冷忽热而变得患得患失；有的成熟男人喜欢表现出一副体贴细心的样子，但其实他们在故意把自己的鲁莽和暴躁隐藏起来，而连带着被一起隐藏的，是他们的真诚和真心。

如果真的爱一个人，又怎么会在她面前表现得近乎完美，没有破绽呢？任何好的关系都应该是以真实作为基础的，不管年纪多大，男人如果真的爱你，会敲碎自己厚厚的保护壳，只为和你靠得更近一点儿。如果他真的爱你，是不会一边放任你一个人又哭又笑，一边做好自己全身而退的准备的。他有时也会闹别扭，也会和你发脾气，也会忌妒吃醋，而不会总表现出一副"你尽管去这花花世界走一遭，但我相信你最终会回来找我"的自信的。

那么有没有可能，这些大龄男这么对待自己的小女朋友，只是因为他们压根儿就没有尊重过那些年轻的女孩子呢？

很多老男人只看重年轻女性的颜值和她们良好的生育条件，至于女性的内心世界，他们才不会在那种他们认为没有意义的事情上耗费精力。他们会反复挑拣权衡，选择一个能给自己带来更多好处的女孩，一定要"物尽其用"才好：看着顺眼，不要太聪明，最好安分听话，能好好在家带孩子是最好的。

我有个三十七岁在上市公司做高管的朋友，他的女朋友是一个年龄小、想法比较简单、颜值一般的初中老师。他很坦白地和我说了自己的想法，他找女朋友的标准就是想法单纯、不要太漂亮的小姑娘。因为他的岁数大了，所以他当前人生阶段的头等大事就是生个孩子，自己找的这个老师不但愿意为他生孩子，还能在他长期出差的情况下做好家务、带好孩子、照顾好家里的老人，既独立又让人省心。而她所需要的生活费和请助理、管家、厨师、家教、家政甚至护工的钱相比，真的不值一提。

她能在自己的小家庭里自得其乐，每天都在忙着照顾孩子的日常起居。而又因为她的长相普通，所以交际圈一般不会太

别再为爱自卑了

广，由于寂寞而出轨的概率更是近乎为零。这样的女孩子通常也不会想太多，不会无端地去猜测和怀疑自己的老公是否在外面拈花惹草，实在是性价比很高的另一半了。

我有个高中时候很要好的同学，当时他的爸爸在做工程，特别有钱，但也特别花心，同时和多个年轻的异性保持着特殊的关系，为的就是利用这层关系让这些女孩子心甘情愿地为他做事。他会让英语好的女孩子当他的翻译，让学财务的女孩子为他做与财务相关的工作，长得漂亮的女孩子用来满足他的生理需求……她们为他做事都不是为了任何金钱上的回报，而是觉得我这个同学的爸爸很懂她们。因为我同学的爸爸总是说她们很特别，表现得无比欣赏她们独特的内心世界。

但事实上这个中年男人只是按照功能把这些姑娘进行了分类，这样方便他在需要的时候不花一分钱就能轻松解决自己的问题。反观这些女孩，她们因为这个男人的社会地位和财富而生出了崇拜和敬畏，觉得这样的男人竟然愿意去欣赏她们的内在灵魂，真是让人格外惊喜，因此她们做起事来也会格外用心，也不会想到自己会沦为所谓知己手中的一件用着还算凑手的工具。

在这些男人的身上，我看到的除了他们的冷漠和自私，更多的是一种虚伪和懒惰。

人天然就会选择对自己有利的事情，这一点是无可非议的，不论男女，无关年龄，我们在选择另一半的时候，当然会尽可能地找一个看上去最符合自己标准的人。但为什么非要用一种居高临下的姿态和虚伪哄骗的方式来达到自己的目的呢？

如果说爱情讲究的是势均力敌，那么老男人在千帆过尽后想要找个年纪很小的女孩子当女朋友就是一种偷懒的行为。道理很简单，就像拳击比赛一样，选手们按照体重范围被划分为不同的量级，在同一个量级上的运动员们所展开的角逐才是相对公平的。如果无视客观的身体条件进行跨量级的混战，那么本来占据优势的胜利者得不到什么快感，处在劣势的人觉得即便输了也是理所当然，整个比赛的乐趣就被大大削减了。

为什么总会有人想选看起来就比自己弱很多的人来比试呢？也许除了很想赢，他们也想赢得轻松，赢得毫无悬念。他们害怕一切不确定的因素，害怕人到中年的自己还会输给爱情，害怕能够破坏他们自恋的所有事物，所以他们退缩了，他们不想再追了，他们只想拥有唾手可得的崇拜和顺从，这会让他们看上去像是一个事业、家庭双丰收的人生赢家。

即使事业上没有什么起色的老男人，也能从"找到一个比自己小很多的女友"这件事上得到安慰。因为他们真的很在乎"赢"这件事情，但又懒得为了赢得一份势均力敌的爱情而努力，所以就会选择"降维打击"的手段让逐渐变老的自己显得没那么失败。他揣着这样的小心思，一旦被戳破了是很容易气急败坏的，之前那个呈现在你面前的成熟绅士很容易就被打回原形了。

我妈妈的朋友一度为了自己二十二岁的女儿和三十二岁的男人恋爱的事情而忧心忡忡，三十二岁的男人已经有了八九年的社会经验，而自己的女儿是个刚出校园没多久的年轻姑娘。女孩当时不顾爸妈的反对，一心要嫁给那个男人，即便父母态度强硬她也不愿妥协。她的妈妈很无奈，想让我们出出主意，我让这个阿姨告诉她的女儿，如果两年后你有了稳定的工作，还是决定要和那个男人结婚，那我们就不会拦着你了。

女孩同意了他们的建议，但去厦门工作了半年后就和那个男人分手了。据说是因为后来那个男人逐渐暴露了本性，和女孩翻脸，两个人就此分道扬镳。再后来女孩找了一个年纪相仿的男孩结了婚，婚后的生活非常幸福。

刚进入社会的女孩子总觉得自己能成为老男人历经沉浮后最终可以栖身的温柔港湾，只有自己才是他寻找多年后重新照亮他的月光。你不追究他的过往，他也享受和你在一起的当下，直到你深陷其中，无法自拔，那接下来的一切，自然就会按照他想要的剧情走了。

运气好的姑娘会过上衣食无忧的生活，得到还算周到的呵护，但生孩子带娃，在家做家务，满足他的各种要求是逃不掉的。而那些运气差些的，在和老男人交往一段时间后，就会被告知他在家里还有个老婆，甚至还有个孩子，他和老婆早就没有感情了，但现在还没有办法离婚……而让人绝望的是，比起之后无休止的欺骗，这才只是个开始。

我不否认社会上是有优质大叔的，而我也理解有些年纪尚小的女孩就是很容易喜欢上比自己阅历更加丰富、心智更加成熟的优质大叔。如果"强大"是我们所要追求的，那我们就该理所当然地努力追求那些真正强大的人，但要注意的是，如果在这个过程中，我们不能谨慎地鉴别出那些外表强大而内里虚弱的人，就很容易造成和自己初衷相悖的结果。

别再为爱自卑了

那些专挑比自己小很多的女孩下手的男人，不管外在条件优秀与否，我认为他们必然是不够自信，也不够坦率的。比起爱不爱，他们更在乎对方好不好操控，自己能不能在这段关系中掌握绝对的主动权，从而得到所有预期的好处。因此他们会故意挑选那些在重男轻女的家庭中成长起来的年轻女孩，因为这些常年被父母忽视的女孩子，只要得到他们的一点儿温暖，往往就会心怀感激，赌上自己的人生来回报男人对她们的偏爱。有的老男人为了达到让小女孩完全为自己所用的目的，故意挑拨女孩和她们父母的关系，怂恿她们从家里偷出户口簿领证，甚至直接让她们怀孕，生米煮成熟饭后，就会卸下伪装，无所顾忌地随意对待那些曾经为他们舍弃了一切的傻姑娘。

但我仍然想告诉那些为爱上头的姑娘，你们一直是最勇敢的，你们用力追求自己想要的爱情并没有错，真正懦弱的是那些害怕失败就转而选择伪装自己、哄骗你们的老男人。如果你们正经历着一些不好的事情，我请你们不要失去你们身上最宝贵的勇气，勇敢地离开那些错的人。因为人生很长，你们没有必要赌上全部的人生去为一个本就不值得的人赎罪。

姐弟恋靠谱吗

我发现身边越来越多成熟的女性在找老公的时候，并不介意找一个比自己年纪小的男人，因为她们觉得男人的心理年龄比实际年龄更加重要。

很多抗拒姐弟恋的女性真正抗拒的是给男人当妈，从某种程度来说，她们还是不太喜欢去事无巨细地照顾男人的生活，她们需要的是一个能独立生活的男人，是一个能与自己共渡难关的男人。而一个比自己小的弟弟，他能行吗？

我朋友的老婆比他大八岁，曾因为这么大的年龄差距产生了退缩。我朋友是一个和我差不多大的 90 后，而他的老婆则是一个地道的 80 后。他们两个人当初是通过社交软件认识的，大家都说在社交软件找对象实在太不靠谱了，但他们已经携手走过了六年的时光。

别再为爱自卑了

刚在一起的时候，女方总是显得很犹豫，她很担心自己在这段感情中会充当一个老妈子的角色。但慢慢相处下来，她发现我朋友并不是一个需要靠她照顾的"小朋友"，她在这段关系中非常放松，她可以放心地做自己，可以和自己的男朋友撒娇，跟男朋友在一起后，她甚至觉得自己都年轻了不少。

我朋友是一个很注重仪式感的人，所以每到一个可以庆祝的节日，他就会请女朋友吃饭，认真给她挑选礼物，陪她逛街的时候他也不会觉得无聊。女孩的名字在他的微信中是被置顶的；她发消息，他向来都是秒回；无聊的时候就会向女朋友报备一下自己的行程。

他们结婚后，因为身体问题，女方可能无法生孩子，但她非常想生一个可爱的宝宝。他们做了很多努力，朋友的老婆终于成功怀上了小孩，但很不幸的是，在怀孕后不久，她就流产了。

流产对朋友的老婆来说是一个巨大的打击，不光是身体需要恢复，她的心里也特别痛苦，而我朋友寸步不离地陪在老婆身边。最开始他们两个人都特别难熬，老婆的吃喝拉撒睡全都得在病床上解决，但他老婆在医院住了多久，他就在病房里陪了多久。

其间，他的丈母娘来医院看女儿，说她想过来照顾闺女，但他知道自己的丈母娘是个比较喜欢唠叨的人，他怕丈母娘会说些影响老婆心情的话，所以好说歹说把老人给劝了回去。

他看着自己老婆难受的样子，就劝她："我们就不要孩子了吧，你的体质不适合生孩子，我真的不想再让你受这份苦了，我也想好了，我去做个结扎就行。"

但朋友的丈母娘对女儿生孩子这件事还是有执念的，她还是不甘心，不知道她从哪儿听来的消息，想要怂恿女儿去做个试管婴儿。这话被我朋友听到后，直接给丈母娘堵了回去："妈，你知道做试管婴儿有多痛苦吗？你知道你女儿到时候得吃多少苦吗？如果要让她拿命生个孩子，那这个孩子，我宁可不要。"

都说女人选择了什么样的爱情，就选择了什么样的生活方式。有的人心智成熟，即使他只有二十岁，也可以把姐姐宠成少女，他可以做姐姐身后的超人，也可以为姐姐冲锋陷阵。而那些心理不成熟的男人，即便他已经到了三四十岁，也照样没有长大，他们不仅遇事逃避，没有担当，还会耗尽女人所有的青春和心力。

　　所以说男人的责任感不在嘴上，而在于行动当中：他若是懒惰，你就会辛苦；他要是体贴，你就会幸福。你选择的那个人可以长相不出众，可以没有权势，但是一定要让你在平淡生活中感觉到轻松温暖。

　　因此姐弟恋也没什么不好的，只不过是你爱的那个男人刚好比你小几岁罢了，只要你们三观一致，志同道合，能够接受彼此的原生家庭，有共同的奋斗目标，那就是一段好的恋情。

他为什么分手后还来找你

"他自从跟我分手以后就没再交过女朋友了，他是不是还在想着我？"

"他今天给我的微信朋友圈点赞了，他到底是什么意思？"

"分手以后他还是每天找我聊天，他这是想和我复合吗？"

"多年以前被我甩掉的那个男孩最近又开始联系我了，他这是还没死心吗？"

我有个朋友最近分手了，她说不知道为什么，她的前男友在分手后并没有删除她的联系方式，反而还像原来一样继续和她保持着联系。

他会每天打电话给我朋友，给她发消息问候她早安、晚安，有的时候还会给她发一些搞笑的段子或者视频，他会跟我朋友说即使不在一起了，也没有必要彻底断掉联系。我朋友想让我从男人的角度去分析一下她前任到底是怎么想的，我的想法很简单，那就是他的这些做法根本就证明不了什么。

可能有的姑娘就是特别实心眼儿，总觉得他一句不经意的关心就是对你的念念不忘，但其实他的话根本就不值得你逐字逐句地反复推敲，结束了就是结束了。如果他还想继续和你好下去，那当初为什么会同意跟你分开呢？

要是他在自己提出分手后还经常联系你，那么他很可能还在贪恋你身上那种熟悉的感觉，和你保持联系只是为了单方面满足他的情感需求。也许当下他还会觉得相识一场，因为分手而失去一个关系一度很好的朋友是件多么不值得的事情，但我相信过不了多久，等他找到了新的对象或遇到了更有趣的事情，就会逐渐把你抛到脑后了。

还有一部分男生就不是单纯地想找个可以聊天的人了，他们的想法会更阴暗一点儿，分手后没有了男女朋友这层身份的束缚，但曾经做男女朋友的情分还在。即便哪天两个人擦枪走火，也是不太需要有心理负担的，他们并不介意给你留下一些可以幻想的空间，用来证明他们在感情这方面的魅力。

如果当初提分手的不是他们，那情况可能会更糟，"被分手"

的不甘心会驱使着他们做出一些离谱的事情。我的一个朋友就曾经给我讲过他向初恋"复仇"的故事，他的初恋是在他进入社会以后的第一份工作中认识的，他当时很青涩，性格又比较内向，而跟他同期入职的一个女孩特别活泼外向，又因为她之前在这行工作过一段时间，经验比他丰富一些，所以就对他这个刚入行的新人特别照顾。

两个人朝夕相处的时间久了，很自然地就走到了一起。他们有过一段很甜蜜的日子，因为我的这个朋友之前从来没有谈过恋爱，所以对自己的初恋非常用心，他每天会变着花样地给女孩带早餐，把女孩喜欢的娃娃摆在她的工位，会拜托朋友去买女孩偶尔提过的演唱会门票，城市的每一座游乐园都留下过他们的笑声。

但好景不长，他们两个人的关系后来被公司的领导发现了。领导背着我的朋友找那个女孩谈了话，领导向女孩承诺只要她能和男孩分手，就可以推荐她做他们部门的主管。女孩选择了主管的职位，并且很快就和我的朋友提出了分手。

我的朋友对女友和领导之间私下达成的交易一无所知，被甩之后沮丧了很长一段时间，因为他根本不知道到底是哪里出了问题，失恋的痛苦让他在那一段时间里根本就无心工作，自然地，他也在不久之后就提出了离职申请。

离职后的一年里，他一直都处在失恋的阴影当中没有办法释怀，直到一次偶然的机会，他知道了自己被甩背后的真相，于是所有的心痛都变成了对女孩的恨意。他不明白女孩为什么会为了一个主管的职位就这么轻易地抛弃自己，他不知道自己在前女友眼里究竟算什么。

痛定思痛后，他去参加了那个女孩一直很想参加的公务员考试。两年后，他考上了。因为他所在的部门待遇还不错，所以和当初那个刚毕业的穷小子相比，他已经通过自己的努力，过上了还算不错的日子。

本来事情到这里，对这两个人来说也算是个比较正常的结局走向：各自安好，互不打扰。但没想到他们在时隔多年后竟然再次相遇了。再见面的时候，是他去当地的商场买东西，而为他提供服务的正是他的初恋。

初恋对他表现得非常热情，但我朋友说他早该知道比起爱情这种虚无缥缈的东西，初恋更喜欢的是能够实实在在抓到手里的利益。如果他仍旧是个没什么价值的人，他的初恋应该会对他避之不及，更别说还愿意和他恢复联系了。

看她一副大大咧咧的样子，就好像之前所有的事情都从来没有发生过一样。而他心里却很不是滋味，当初他是真的很喜欢她，但后来又真的很厌恶她对自己所做的事情。为什么每次都是她主动，主动牵起他的手，然后又单方面地宣布他们关系的终结，现在怎么还能毫无愧疚地面对他呢？之前对别人造成的伤害，她没有表现出一丝一毫的愧疚，甚至连一句解释都没有。可能她是真的没有心吧。

我朋友的脑子里很快冒出了一个邪恶的想法：他也要狠狠地甩她一次。说实话，在听到这里的时候，我对他做出这样的决定是完全不能理解的。我说过去的就让它过去，不好吗？可他却说只有他这么做了，这件事情才能算是彻底翻篇儿。

他的计划进行得相当顺利。他故意向初恋展示了自己在经济能力上的优势，但都是口头上的炫耀，再也没有像当初那样把钱和心思都花在初恋身上，不过这也就足够了。经过这么多年的磨炼和成长，他已经习得了很多人与人之间那种不可言喻的微妙暗示。

他那些似有若无的撩拨很快就重新点燃了初恋那颗蠢蠢欲

动的心，两个人好像找回了当初在一起时的感觉，一切好像都没有变，但其实一切都变了。女孩越是一副吃定他的样子，他对女孩的厌恶就越是强烈。

我不知道他当时是怀着怎样的心情和他的初恋相处的，不过从后来的事情来看，但凡他有过一瞬间的心软，都不会变成那样的结局。

他说这些年她根本就没什么长进，撩人的招数也就那么多，她当上主管后没多久公司就不行了，她从公司出来以后做过很多杂七杂八的工作，一直想考的公务员也没考上，还因为年纪变大，整个人都显得沧桑了不少，演唱会什么的早就没再去过了，但还是喜欢那些不怎么好看的娃娃。

他说这种女人挺好打发的，口头上许她点儿利益，再小恩小惠地哄着，只要花点儿小钱，她就能乐呵呵地上钩了。他都不知道自己当初为什么会喜欢这种女人，所以他每次看到她，都会想起当时那个愚蠢的自己，但他坚持要给自己一个交代，执意要走到自己计划的最后一步。

这一次尽管他一句表白的话都没有向初恋说过，但拥抱、接吻和许多只有情侣之间才会做的事情他们都重新做了一遍。

一个普通的下午，朋友约他的初恋出来逛街，在路过一家旅馆的时候，他故作轻松地说出了他蓄谋已久的打算，他问女孩要不要上去休息一下，女孩好像也早就想到了会有这么一天，欣然走进了旅馆，于是他们第一次上了床。

和我朋友有过更加亲密的接触之后，朋友的初恋明显比以前更加主动了，所以我朋友的"复仇"计划也到了收尾的阶段，就在初恋问他是不是该给她一个明确的女友身份时，他火速删掉了初恋所有的联系方式，彻底消失在了初恋的世界里。

他说他当时有种大仇得报的快感，但我却听得后背发凉。他费了这么大的功夫，却只是为了报复多年前甩掉他的初恋。在重新评估了两人的价值之后，他确信处在高位的自己可以拥有绝对的主导权，而对低位者，他不仅没有一丝悲悯之心，反而自以为是地认为自己有权随意摆布别人的人生，这真的让我无法理解。

我不想对女孩的行为做什么评价，每个人都有自己想追求的东西，所以就必须在有限的资源里进行取舍。如果事情的讲述者换成那个女孩，故事可能就变成她为了追求事业舍弃爱情，多年后重遇旧爱却惨被骗色抛弃的版本。

　　　　　　　　　　　　　　　　别再为爱自卑了

我之所以会把这段故事讲出来，就是因为我很想真诚地提醒那些对旧爱依然抱有幻想的姑娘，人都是需要往前走的，很少有人会停在原地只为等你回头。回忆再美好，也都是过去的事情了，过去的事情就该留给过去，如果剥掉时间的滤镜，那仅剩的一点儿美好也会被现实和改变碾得粉碎。

当然这是个比较极端的例子，现实生活中还是有很多分手之后又复合的情侣的。如果他在你们分手后又回来找你，那如何才能判断对方是不是真的想和你和好呢？

第一点，要看他联系你的时候是不是忽冷忽热。

有些人确实会在分手后仍然和前任保持联系，但他们什么时候联系你全看他们的心情，可能前一天跟你聊天到深夜，转天就懒得回复你的消息；情人节的时候看到满大街的情侣，突然觉得很想你，但过会儿就和朋友组队打游戏去了；某天收拾东西的时候他突然看到了你曾经送他的礼物，顺手发张照片纪念一下这段感情，没过几天就又碰到一个喜欢的姑娘，觉得自己的春天又回来了。所以如果他总是有一搭没一搭地联系你，那么很显然，你已经被他明明白白地摆在备胎区了。

第二点，在你们沟通的过程中，面对你的脆弱，看他是不是能及时地安慰你。

要看他是不是单方面地向你索取情绪价值。姑娘你要记住，一个分手了之后把你当作备胎的人，比那些在一开始就把你当作备胎的男人还要恶劣。至少后者在一开始还是会伪装一下的，但是你的前任可能连装都不想装，他当初可能就是因为嫌你烦、嫌你作才和你分手的，所以即便他还和你保持联系，也还是没有办法去包容和消化你的情绪。

所以当你情绪好的时候，他还是愿意和你随便聊一聊的，可一旦你表现出脆弱或难过，他就不想再和你聊下去，或者选择直接消失一段时间。如果他真的想要跟你和好，那么当你表现出脆弱的时候，不正是他挽回你最好的机会吗？他选择逃跑就是他根本不想和好的证明，他找你可能真的只是觉得无聊了而已。

第三点，分手之后，看他有没有为了恢复你们的关系而做出一些实质性的事情。

有的人是真的懒得在你们的关系上花费更多的心思，他明明知道当初你们是为什么而分手的，但他就是不愿意做出任何改变。比如，他明知道当初你们是沟通出现了问题，但在分手之后，他仍旧会对你们之间出现的矛盾闭口不谈；又如，他明

　　　　　　　　　　　　　　　　　　　别再为爱自卑了

知道当初你们分手是因为他陪你的时间太少，但是他现在还是对你忽冷忽热；再如，他明知道当初你们分手是因为你觉得看不到你们的未来，但是他仍然不求上进，依旧随着自己的心情做事，话说得比谁都好听，反思得比谁都到位，但他就是不去做些能够改善你们生活的事情。

一个真想跟你复合的人，在之后和你联系的过程当中一定会让你看到他的改变。但是一个只把你当作备胎的人，他才不愿意为了重新追求你而做出任何努力，因为他从一开始只想在你这里得到好处，所以只需要对你这个重感情的前任解释说分手之后还是可以做朋友就可以了，他会让你相信朋友之间聊聊天是再正常不过的事情了。

但他自相矛盾的点就在这里，朋友讲的是互相尊重，而你的前任只想在没有付出的情况下获得你给予他的情绪价值。到最后都是你在患得患失，都是你在卑微，都分手了，为什么你还要继续忍受这样的事情呢？

如果他的做法让你感到不舒服，我建议你可以直接和他断了联系。他可能并没有把你当成一个真正的朋友，只是把你放到了他的鱼塘里随时捞出来备用罢了。

第 三 章

找对象，
真实比优秀更重要

遇到"绿茶"该怎么办

"绿茶"多数时候用来形容那些表面看起来很单纯，实则很有心机的女孩，但其实也可以用来形容男性。

我来讲一个发生在我朋友身上，堪称教科书级别的手撕绿茶的故事。

我的朋友之前和她男朋友以及其他室友合租，他们的对门是个小姑娘，隔壁住着一对情侣，室友基本上都是不爱出门的人，所以他们和室友几乎都碰不到面。

那一阵子，我朋友喜欢上了做饭，但没怎么见过另外两个屋的室友开过炉灶，朋友想着自己刚搬进来，还是挺想和室友们搞好关系的，所以就叫对门的小姑娘吃了两次饭。那个小姑娘人很热情，在吃饭的时候也会拿饮料给我朋友喝，所以我朋友当时也觉得自己很幸运，遇到了这么好的室友。

但随着日子久了，她慢慢觉得有些不对劲了。对门的小姑娘似乎开始习惯了等我朋友做饭，只要我朋友做好了饭，准备和男朋友开吃的时候，那个小姑娘就一定会坐到他们的对面去，然后嗲声嗲气地问我朋友的男友："我能吃一口吗？"

她既然开口了，我朋友他们当然不会拒绝，想着不过就是多了双筷子的事儿，没什么大不了的，于是那段时间里他们经常一起吃饭。

但值得一提的是，只要我朋友一个人吃饭的时候，对门的小姑娘就不会过来，而当我朋友和她男朋友一起吃饭的时候，小姑娘就一定会过来和他们一起吃。小姑娘每次都会向我朋友的男友主动打招呼，反而不怎么愿意搭理我的朋友，除非我朋友和男友站在一起的时候，小姑娘才会顺便和我朋友打个招呼。除此之外，小姑娘每次往冰箱里塞饮料和蜂蜜的时候，都会特地告诉我朋友的男友。

我朋友的男友是个自律且有分寸的人，在小姑娘想加他微信的时候，他跟人家说自己不经常用微信，然后直接拒绝了。小姑娘不死心，每隔几天就会给他发送一次好友请求，但我朋友的男友一直当作没看见，就是不愿意通过对方的好友请求，到最后还是我朋友觉得毕竟大家是邻居，为了避免以后见面尴尬，才劝她的男友加上了小姑娘的微信。

我朋友是个很爱干净的人，有一次对门的小姑娘煮完粥忘了刷锅，锅已经放在厨房两天了也不见她来刷，如果再不收拾，这锅可能就要变臭了，于是朋友好心帮忙把锅刷好。可是从那以后，这姑娘用完锅就再也不刷了，她觉得反正有我朋友在，不会放着脏的锅不管的。

可小姑娘这么做的次数多了以后，我朋友也就懒得管了。那天小姑娘正在洗一周前用脏的锅，恰好碰到了我朋友的男友去洗水果，她觉得非常尴尬，细声细气地和朋友的男友说："哎呀，真不好意思，放假回家忘了刷锅了呢。"

朋友的男友回她说："我还以为你要做某种神秘的臭味实验，我老婆想帮你刷锅来的，我没让，怕耽误你的事儿。"

后来我朋友的男友在微信朋友圈发了一条关于某个潮牌的预售信息，大致的意思就是自己对这次预售特别期待。这条消息很快就被那个小姑娘看到了，小姑娘本身是做微商的，平时会在微信朋友圈卖些高仿的衣服和鞋子，于是她很快评论道："哥哥的眼光真棒！这双鞋我这里有货呢，我送哥哥一双吧！"

但朋友的男友在下面回复道："我从来不买假货。"

我朋友的男友是真的很会堵人。朋友跟我说，有一次她做了泡椒凤爪，对门的小姑娘跑来说："看起来很好吃呢，我能吃一个吗？"

我朋友跟小姑娘解释："现在调料还没有腌入味，要等到明天才能吃。"

于是小姑娘说："那我明天上班之前过来吃两个再走。"

这个时候我朋友的男友过来了，对小姑娘说："这是我老婆做给我吃的，是我最喜欢吃的，我自己都不够吃。"

当时的气氛被他搞得非常尴尬。

还有更让人尴尬的事情。

我朋友平时是不去美甲店做美甲的，她喜欢买了机器自己在家做。有一天小姑娘看到朋友做的美甲，于是夸道："哎呀，姐姐你这指甲好漂亮，是在哪里做的，可以告诉我吗？"

我朋友还没来得及开口，她男友就回答道："我老婆心灵手巧，她都是自己给自己做的。"

于是小姑娘对我朋友说："真的吗？我好喜欢！可以给我做一次吗？"

男友接过话头："当然可以啊，八十元一次，不过看在你是我们朋友的分上，那就六十元一次吧！"

故事讲到这里，相信大家对这个姑娘是不是绿茶都有一个自己的判断，说她绿茶也好，说她说话做事没有分寸也好，碰到我朋友的男友这种人，算是踢到铁板上了。

要是遇上别的男生可就不一定了。总是因为绿茶的事情和男朋友吵架的姑娘，也许你们得好好想想，为什么总有绿茶会和你的男朋友保持着联络呢？为什么即使她们知道男生有女友还是会给他发消息呢？难道真的是你们的男朋友过分帅气吗？

答案往往很残酷：你的男朋友在不断地回复她们。

有时男生未必不能看穿绿茶的那些小心思和小套路，但就是觉得非常受用，所以绿茶的魅力究竟在哪里呢？

我们不妨把绿茶设想成一个男生，换个全新的角度来看一下这个问题。

试想一下你是一个有男朋友的学生，最近你在学校新认识了一个学弟，学弟喜欢穿干净的白衬衫，他的样子温文尔雅，讲起话来慢条斯理的，笑容也非常治愈，虽然不是什么大帅哥，但看上去总是清清爽爽的。

有一天你碰到了他，他笑盈盈地看着你说："哎，学姐，你今天好像有点儿不太一样哎，看上去有点儿特别。"

你问他："哪里特别？"

他认真地看了看你，然后说："我就说嘛，原来你今天戴了一副小白花的耳环，真的很适合你，好漂亮。"

你被夸得有点儿不太好意思了："哦？是吗？这是我那天逛街的时候随手买下来的，这都被你发现了。"

这个时候学弟说："我也不知道为什么，一下子就被这副耳环吸引了，我还以为是哥哥买给学姐的礼物呢。我要是有学姐这么漂亮的女朋友，肯定会经常买礼物给她的。"

你笑笑，匆匆和他道别。

晚上和男朋友碰面，你忽然想起白天被学弟夸奖过的小白花耳环，于是问正在打游戏的男朋友："哎，你看我今天跟平时有什么不一样吗？"

男朋友艰难地把视线从手机上移开，飞速地瞥了你一眼，敷衍地答道："不一样？没有什么不一样啊？哦，比昨天好看了，行了吧？唉唉！这个人怎么抢人头呢！"他的注意力立刻又回到了游戏上。

因为早些时候你想着要赶到食堂和他一起吃晚饭的，所以到了这个点儿你还饿着肚子。过了一会儿，这局游戏输了，他烦躁地把手机丢到了一边，转头对心里特别憋屈的你说："哎，去给我弄点儿吃的吧。"

这个时候你收到一条学弟发来的消息，学弟说："学姐，你吃晚饭了吗？千万不要忘记吃晚饭哦，饮食不规律对胃不好。"

你越发觉得委屈，于是对男朋友说："你就不问问我有没有吃晚饭吗？"

男朋友看了看正在生气的你说："你不会到现在还没吃晚饭吧？不是，你这什么表情啊？又不是我不让你吃晚饭的，你矫情个什么劲呢？"

你刚准备发作，手机又响了，是学弟发来的消息："学姐，我担心你今天太忙了没顾得上吃晚饭，就擅作主张给你订了一块小蛋糕，我看现在也差不多快送到了，一会儿你记得签收哦！是你之前跟我提过的你最喜欢吃的那一家。"

你刚回完"谢谢"，外卖小哥就给你打电话了。男朋友抢过你取到的外卖，他看到了订单上的备注：再忙都要记得吃晚饭哦！真遗憾，我不是你的男朋友，不能每时每刻都关心你。

男朋友生气地质问你是谁帮你点的外卖。

你说是一个刚认识不久的学弟。

男朋友冷笑："哼，刚认识不久的学弟？我看是你在外面找的小情人吧？"

你觉得男朋友在无理取闹，想要冲他发火。

男朋友毫不让步："你这是做贼心虚了吧？刚认识不久的人连你晚上在哪里吃饭都知道，还说你们没有关系？"

你很生气地回答道："我和他什么关系都没有！你不关心我，还不允许别人关心我吗？"

男朋友显然不相信："如果你们什么关系都没有的话，你就把他删掉！"

你被气到无语："你这人有病吧？"

男朋友一副了然的神情："舍不得了吧？还说你们是清白的！你以前不是这样的，以前我说什么你都会听。"

于是你和男朋友大吵了一架，他把学弟给你订的外卖丢了出去。就这样，你一个晚上都没有吃到东西，只能饿着肚子回到宿舍，躺在床上，胃也开始隐隐作痛。

这时你再次收到了学弟的消息："学姐，蛋糕好吃吗？你一直没回消息，是因为太忙了吗？我有没有打扰到你？"

你默默地擦了擦眼泪，捂着胃部回复道："没有。蛋糕很好吃，谢谢你。我现在不太舒服，跟他吵了一架。"

学弟的消息来得很快，他很着急地问："哪里不舒服？是胃又疼了吗？我现在就去给你送药，很快就到，你等等我！"

你赶紧回他："不用了，宿舍有药，我已经吃过了。"

学弟这才放下心来："那就好，吃过了就好。对了，学姐，刚才你说你和哥哥吵架了是吗？刚才只顾着关心你，还没来得及问你为什么，哥哥为什么要和学姐吵架啊？学姐这么好的女孩子，换作我，心疼还来不及呢！"

你没有回复他。

过了一会儿，学弟又发来了消息："对不起，刚刚我不应该说哥哥的坏话的，哥哥一定还是很爱你的，可能你们之间有什么误会吧。你也不要太难过了。上次你喜欢的那双断码的球鞋，我找到你的鞋码了，已经给你买好了，过两天我拿给你。"

你仍然没有回复他。

没过多久，学弟又发来了消息："学姐，你们吵架是因为我吗？如果是因为我的话，那我以后最好还是别再打扰你了。"

你回他："不是的，不是因为你。"

学弟的消息又弹了出来："没关系的，如果哥哥真的介意我的存在，那学姐就不要理我了，我真的没有关系的。"

你不知道要说些什么，于是回复他："早点儿休息吧，晚安。"

第二天早晨醒来，男朋友还是不肯善罢甘休，他威胁你说："你要么删掉那个小白脸，要么就和我分手。"

故事说到这里，有没有觉得这样的情节似曾相识，只不过这样的性转版本让身为女生的你也在不知不觉中，对绿茶少了很多的敌意和抗拒。这放在小说和电视剧里，就是标准的暖男男二的人设，套路也无非就是去更细致地关心和取悦你而已。

但其实我们在谈恋爱的过程中，就是需要去关心对方，去取悦对方。如果我们也能像绿茶一样嘴这么甜，下手这么迅速，可能我们也早就拥有甜甜的爱情了。我想这也就是很多人嘴上说着讨厌绿茶，但会在心里默默羡慕他们的原因了吧。

怎么总是遇到糟糕的相亲对象

我有个妹妹，虽然她常说不着急结婚，但每次亲戚朋友帮她介绍对象，她都会一一赴约，几年下来，她也算是见识过了很多相亲对象的迷惑行为。

每隔一段时间，她就会跑来给我讲她最新的见闻，比如，相亲全程一声不吭的男人在约会结束后给她发信息说对她印象很好，想和她继续约会；又如，执意要去接她的男人最后却因为迟到，让她在接近零下二十摄氏度的寒风中等了半小时；再如，想在初次见面时和她快速拉近关系的男人脱口而出的第一句话却是"你长得挺像我前女友的"。

她说见过这么多人，自己都能出个段子集锦了，能遇到个可以正常聊几句的男人已经算是难得了，而能遇到一个想继续相处下去的人就真的称得上撞大运了。

很多姑娘在相亲的时候都或多或少地会遇到让她们无法理解的对象，有语出惊人的，有自以为是的，还有条件明显不如自己的。你说没成功，长辈和介绍人就劝你不要这么挑剔，再这么挑下去可能就要被剩下了。但真的是你太挑剔了吗？

现在网上有一种很流行的说法：如果你想知道自己在相亲市场上的真实位置，只要看看别人给你介绍什么样的对象就行了——你以为自己的条件很好，但其实你的条件很差，要是你遇不到什么像样的相亲对象，那只能说明你自己也好不到哪里去。但我想告诉你的是，这还真不一定，你也有可能被当成了一个别人用来置换人情的筹码。

现在的相亲市场鱼龙混杂，有很多介绍人坑人的现象，尤其在小城市里，很多条件不错、年纪相对大一些、通情达理、性格温柔的独生女很容易成为被坑的对象。

我就听身边一些人说过，给男生介绍女孩，尤其是条件不错的女孩简直是桩只赚不赔的好买卖：如果撮合成功，男方不仅要塞一个大红包给介绍人，还得承介绍人的人情；没撮合成功，介绍人也不会有任何损失，男方为了拜托介绍人继续帮忙，各种好处自然也是少不了的。而在这桩人情买卖里，唯一被蒙在鼓里的就只有女方了，她们以为自己是手握主动权的，但其实只是在被动地等待男方和介绍人的挑选。在他们眼里，条件好又温顺的女孩，或者年龄较大但有突出优势的姑娘都是值得下手的优质群体，介绍人只需要动动嘴皮子，游说一下女孩，她们就会耐不住软磨硬泡，出去见见早已等待多时的男人。

女孩要是没被看上还好说，一旦被对方看上了，为了让女孩就范，介绍人会联合女孩的家长一起对女孩进行劝说："要是你现在还不找对象，那再过几年，年纪更大，就更没人要了，再说人家男孩各方面条件也都不错，你要是现在错过这个，可能以后后悔都来不及了。"

由于他们事先挑选的都是一些单纯善良的女孩，她们总是很会顾及别人的感受，不使他人难堪，所以她们是真的会把别人的话听在心里，或许就真的会乖乖就范，开始主动地联系那些男人。即使有些姑娘因为实在没有看上男人而拒绝继续发展，她们也会在家人无休止的数落中陷入深深的焦虑。这对某些不怀好意的介绍人来说真的算是一件痛快的事：看着女孩被她的长辈数落，他们正乐得看笑话。

我之前就收到过一个姑娘的私信，她说自己今年二十八岁，长得很漂亮，介绍人给她介绍了一个男人，自然是对着女孩把男人好一顿夸奖，但接触了之后，女孩才发现原来这个男人并不是初婚，更荒唐的是这个男人根本就没有离婚，她差一点儿就在完全不知情的情况下成了一个第三者。女孩在知道了男人的情况后很快就告知介绍人没有办法继续和男人见面，于是介绍人跑到男人那里说这个女孩年纪比较大，还特别挑剔，回头会再介绍一个更年轻的女孩给男人。

除了这些专业的介绍人，还有一些缺德的人，看到自己的亲戚朋友过得不错，心里就特别不平衡，于是故意介绍一些条件很差的男孩给亲戚朋友家的女儿。他们打着关心亲戚朋友的旗号，做着给他们添堵的事情，内心的猥琐阴暗是可想而知的。而万一他们介绍的男孩能凭借一己之力拖垮女孩的家庭，当初的那些介绍人肯定会一边极力撇清自己，一边在心中窃喜。

可能有些人会觉得这完全是危言耸听，但在相亲市场上，以男方的利益为出发点的介绍人并不在少数，在他们那里，大部分女孩都被当成一个个包装精美的商品，被摆放在不同级别的货架上待价而沽。

我曾经听一个做红娘生意的老板说过，他们在收取高额的会费后，就开始为会员提供定期的相亲服务，流水的姑娘送到男会员那里，这生意就盘活了。他们也有很多女会员的"励志"案例，他们为想要进入上流社会的姑娘开办了礼仪培训课，根据手上男会员的资料，把她们定向打造成男会员喜欢的类型，接下来的事情就水到渠成了。

在不同的人看来，介绍对象这件事情本身的意义就是完全不同的。对于喜欢张罗的亲戚朋友来说，这是桩人情生意；对专业的红娘来说，这就是个玩法多样的买卖；对需要找对象的男孩来说，他大概率会多几个为自己解决终身大事的帮手；而对很多女孩来说，却是一个痛苦而煎熬的过程。打从被介绍相亲的那天起，她们就要一遍又一遍地被洗脑"女孩子年纪大了就不好嫁了""嫌这个太丑，嫌那个太穷，也不知道要找个什么样的才行哦"。

女孩们一定要提防这样的陷阱，千万不要草率地搭上自己下半生的幸福。如果你在相亲的过程中能明确地感受到来自中间人或相亲对象的恶意，先不要急着检讨和否定自己，该拒绝的时候就拒绝，没有什么不好意思的，那些不怀好意的人就是会把你们的善良当作滋长他们怨毒的温床，所以保护好自己才是最重要的。

怎样才能尽可能地避免这种情况的发生呢？我们需要承认的是，并不是所有的介绍人都是心怀恶意的，相亲其实也没有我们想象中的那么可怕，只要相亲对象的情况和介绍人描述的没有太大出入，那么多认识个知根知底的朋友也没有什么不好的，相亲最多也就是一条认识适婚朋友的渠道罢了。

在相亲时保持平常心是非常重要的，因为尽管大家看上去都是奔着找个合适的结婚对象去的，但事实上在浩浩荡荡的相亲大军中，有很大一部分人并不急着结婚，真正着急的是他们的父母和家人。这些父母觉得孩子已经到了结婚的年纪，不能继续这样单身下去，所以他们觉得自己有义务帮孩子张罗，至少先找个人让孩子结束单身，如果还能有后续的结婚、生子那就再好不过了。相亲的人本身对这件事情不太上心的话，那就难怪很多人在见了一次之后就都没有下文了。

如果我们真的在相亲的时候遇到还不错的人，究竟怎么做才能尽可能地提高我们相亲成功的概率呢？不妨来看看我总结的一些尽可能在相亲时少走弯路的注意事项：

第一点，可以适当主动一些。主动并不丢人。相反，它可以让我们在最短的时间内搞清楚对方的态度，省去很多暧昧不明的揣测，提高相亲的效率。有的时候我们不想做主动的那一个，主要是因为害怕主动之后被拒绝，显得自己很没面子，但稍微有点儿社会阅历的人就会知道，比起被动等待，主动会给我们带来更多的好处。

在两性关系中，"不主动"事实上是很吃亏的，我们平时在生活中看到那些在感情中如鱼得水的女孩子，很大一部分都有一个相似的特点，那就是嘴特别甜，做事的时候往往利落果决。我们说的主动就是我们可以学着嘴甜一点儿，这是一种不需要什么成本就能让对方开心的方法。如果我们把所有想法都默默藏在心里，就算我们在脑海里"攻略"对方一万遍，对方还是有可能对我们一无所知，更别说能在短时间内和我们建立起深层次的关系了。

第二点，学会从聊天当中较为快速地判断对方的态度。如果他从来都不主动找你，每次发起聊天的都是你，跟他聊天会让你觉得特别心累，比如，你发三句话都收不到一句他的回复，那就可以初步判断他可能对你没什么兴趣。

同样是不去主动找你聊天的情况，同样是由你发起聊天，但你们能聊得有来有回，那说明他可能对你的感觉一般，回复你的信息可能完全是出于礼貌。

如果对方偶尔会主动找你聊天，在你发起话题的时候他也能自然地把话题继续下去，说明他对你还是比较感兴趣的，只是可能目前他还处在观望当中，想通过聊天对你有进一步的了解，但也可能他同时还在和别的相亲对象聊天，你暂时还是他众多选择中的一个。

而那些经常会想起你，主动给你发消息的人大概率就是对你很感兴趣的，他们一般会绞尽脑汁找各种你可能会感兴趣的东西说给你听。你不管在什么时候找他，不出意外他都能秒回，就算他因为在忙别的事情没有及时回复你，也会在能联络到你的第一时间就急着向你解释原因，生怕给你造成不好的印象。

所以一般来说，男人如果喜欢你，是一定会主动联系你的，但如果他连主动找你都做不到的话，可见是没有几分真心的。如果你能明显地感觉到对方的态度总是模棱两可，在面对关键性的问题时总是顾左右而言他，那么你就没有必要再去逼问对方，自行揣测显然也不是个明智的选择，你大可不必为难自己，直接去找下一个就好了。至于那些见面之后就再也没有联系过你的人，就更不用去追着对方问他对你到底是什么感觉了。

第三点，也是关系到我们事业发展的很重要的一点，那就是尽量不要去见你的领导给你介绍的对象。因为结果无非就是以下几种：

要么就是你相中了对方，而对方对你没有兴趣，那么这件令人尴尬的事情很快就会传到单位里；要么就是对方相中了你，但你觉得对方不太合适，考虑到领导的这层关系，你会陷入一种进退两难的境地；遇到两情相悦的情况当然是最好的，但这种事情发生的概率很小。

第四点，见面之前，最好能先聊一聊。你可以通过简单的聊天了解一下对方对相亲这件事的看法。如果他态度非常敷衍，对你们的相亲本来就很抗拒，那么你也不必再浪费时间去见他；而如果他很重视即将到来的见面，提前聊聊天也是可以缓解你们因为陌生而产生的尴尬的。

第五点，到了两个人见面的这一步，聊天是个重要的环节。如果你不太擅长和不怎么熟悉的人聊天，那么可以至少把握一个原则：分享自己的经历胜过对对方直白的提问。

为什么这么说呢？举个很简单的例子，"你会做饭吗？"是一个很常见的问题，在一般的语境下，向别人提出这个问题不会有什么不妥，但是在相亲这样的场合下，如果对方问"你会做饭吗？"就可能会引起你的反感。因为这很容易给你一种"要是跟他结婚了，以后就得由我来负责做饭"的感觉，这很容易引起对方的警惕和戒备，从而在无形之中拉远你们的距离。

那么我们在聊天的过程中需要注意哪些问题呢？由于见面前我们大概率就已经从中间人那里知道了对方的家世背景，所以见面后在介绍自己的家庭时可以稍微简单一点儿，最好能把聊天的重点放到自己身上，多聊聊自己的经历和见闻。我一直觉得决定两个人能否久处不厌的是两个人能不能聊得来，激情过后，志趣相投能够消解漫长人生中很多个无聊又沉闷的时刻。

如果想要增加对方对我们的好感，一直低头看自己的手机肯定是不行的，最好能增加和对方的视线接触，让对方能够明显地感受到他是受到重视的。有的时候只要简单地重复他说的话，也能在无形之中增加对方对我们的好感。当然，如果我们想早点儿结束这次不太愉快的见面，多看几眼手表，或者减少和对方的眼神接触，可能他就会明白你想要结束的暗示了。

虽说能在简单的聊天之后就精准地找出你们共同感兴趣的

话题确实是个技术活，但总有几个话题是怎么聊都不太会出错的，比如，聊聊对方的工作，问问他的爱好。因为人在讲自己很擅长的东西时，话匣子就自然而然地打开了，人也会处在一个比较放松的状态，这种更加真实的状态会更方便判断对方到底适不适合自己。

在初次见面的时候，没有必要聊过于深入的问题，如果在两个人还不熟的情况下就贸然询问对方的家庭矛盾、今后的人生规划、结婚要不要给彩礼、结婚以后要不要生二胎等问题，可能会给对方留下不好的印象。因为即便是相亲，也有一个循序渐进的过程，一上来就跳过所有的步骤直接提问，最后得到的可能并不是真实的答案。

另外，关于三观的问题也是没有必要聊的，因为三观本来就不是聊出来的，况且有人可能会为了迎合你而说出一些言不由衷的话，说到底还是要看他们的行动和真实的选择。

第六点，既然选择了相亲，那就尽量选择门当户对的对象。因为那些门不当户不对的苦命鸳鸯最终能修成正果，靠的基本上都是坚实的感情基础，而这坚实的感情基础恰恰就是相亲所缺少的。如果两个人既没有感情基础，成长环境也相差很多的话，可能想要得到幸福就更加困难了。有的还要再加上远距离的阻隔，在一开始就选择了异地恋，真的是一件为难自己又考验对方的事情。

第七点，关于相亲时的约会项目，大部分人都会选择吃饭，这是个比较稳妥的见面方式，如果吃饭时聊得比较好，有的还会追加一部电影。但只看电影就不是个好的选择了，因为在看电影的时候，你们两个人的注意力基本都会集中在大银幕上，很可能一部电影下来，你们会全程无交流。如果电影好看的话，你们在散场后还可以讨论一下刚才的剧情；但如果电影难看，两个人就相当于被罚坐了一个多小时，这次让人尴尬的约会也许就这么变成了一段不怎么美好的回忆。

第八点，包括相亲在内，我们找另一半的时候很重要的就是明白自己想要的是什么，性格、家庭、工作、长相……每个人都有最希望在对方身上看到的东西。这一点说起来很简单，但实际上却绊倒了很多人。因为我们有时候并不是特别清楚自己究竟想要什么，只是把这些具体的条件归为一种抽象的感觉，只要感觉对了就可以，只要有打动我们的点就可以，但这个点体现在什么方面，恐怕就需要我们问问自己的内心了。

离过婚的人并不可怕，如果他们当初只是遇到了不适合的人而选择了离婚，那说明他们是敢于修正错误的勇敢的人。我们的人生需要的不正是那种不管什么时候跌倒，都能拍拍身上的土，重新站起来的勇气吗？我们要相信这么积极面对生活的人，在今后遇到困难的时候都不会一直消沉下去。

第九点，在以自由恋爱为基础的环境下，我们可能会因为捡漏找到一个看上去条件好于我们的人，但不幸的是，在正常的相亲市场上，我们捡漏的概率却几乎是零。因为介绍人的心中必然有一个天平，他们一般会把相亲双方可见的条件都一一筛选出来，然后对照着放在天平的两端，当天平接近平衡的时候，他们就会乐于把这两个看起来条件相当的人凑成一对。

在我们对自己和对方都有一个比较客观的认识的前提下，如果我们觉得自己走运找到一个各方面条件都比自己好很多的相亲对象，很有可能对方身上会藏着一个我们暂时还没有办法发现的重大缺点。所以在结婚以前，全面地了解这个人是很重要的，因为一时的冲动而走进婚姻是一件很麻烦的事情。

第十点，相亲遇上奇葩有时是不可避免的，有的人说话不过脑子，但有的人可能根本就没有脑子，遇到这样的人笑笑就过去吧，没有必要跟他们一般见识。出来相亲，有的时候就是要做好被别人拒绝的准备，那些和你完全合不来的人，无论他们说什么、做什么都没有必要放在心上。

虽说我们可能出于种种原因遇到一些不靠谱的相亲对象，但相亲也没有我们想象中的那么可怕，因为大部分人都会乐于把他们在相亲时的奇葩见闻拿出来和大家分享一下，而至于那些因为相亲而找到人生伴侣的人，大概也不会认为相亲是什么值得拿出来炫耀的点。所以如果你想结婚的话，也不必对相亲太过抗拒。但相亲可能是一场旷日持久的战役，所以需要我们有着无比坚定的立场，不能因为相亲的次数多，就迫于周围的压力，找一个还算凑合的人凑合着过一辈子。我们有让自己幸福的义务，而坚持做我们认为对的事情才是对自己最负责任的做法。

婚前应该同居吗

前一段时间，我的一个朋友跟我说她和结婚半年的老公离婚了。

我很惊讶，忙问她为什么，因为朋友和她老公结婚前就已经在一起四五年了。怎么才结婚半年就走到了离婚这一步呢？

她无奈地说很多事情是生活在一起前完全想象不到的："就算结婚之前他每天送我上班，接我下班，而且一有时间我们就会黏在一起……但没有真正地朝夕相处过，是没有办法判断另一个人最真实的样子的，况且男人如果有心要骗你，是真的可以做到和他当初追求你一样卖力的。"

"生活习惯上的差异还算是小事。"我朋友说有些原则性的问题实在是让人无法接受，"我们说好结婚以后，把两个人的钱放在一起用，老孙（朋友的前夫）当时提议把我们的钱暂时都存在他的银行卡里。反正他有一张空卡，也省得再开新卡，我没有多想就同意了。"

"没过多长时间，我姐问我借五万元钱，她说店里进货，需要临时周转一下。我想着可以把自己先前存到老孙那里的钱转一部分给我姐，所以就爽快地答应了，告诉她第二天就让老孙把钱转过去。"

不想，过了几天我朋友的姐姐打电话说还没收到钱，我朋友说："我当时觉得肯定是老孙把这件事忘了，还想着他这人办事也太不靠谱了。"可是当她翻出那张存着两个人钱的银行卡准备转账的时候，却彻底傻眼了，明明一个月前卡里还有将近十万元钱的，短短的一个月，余额里只剩下不到两万元钱。

我朋友说："当时我数了好几遍那个余额，在确定真的少了后，我的第一反应就是银行卡不会是被盗刷了吧？当时报警的心都有了。现在想想如果我当时真的报了警，老孙就该去警察局待几天了。"

我朋友查询了银行卡的交易明细，发现之前消失的钱都陆陆续续地转到一些她完全不认识的公司账号上，剩下的大部分钱也都被转到了男方的微信上。这个时候我朋友才意识到男方背着她偷偷花掉了他们共同的存款，在我朋友的逼问下，他告诉她那些钱都被他赌博输掉了，但他一点儿都没有意识到自己做错了。

朋友告诉我："当时老孙跟我说只要他再来几把，就能把之前输掉的钱连本带利全都赚回来，让我一定要相信他，他之前不是没有赢过。偷拿我的钱是他不对，但只要我再给他一次机会，他一定会把欠下的钱通通补回来。"

朋友说她认识前夫也好多年了，平时看着挺老实的一个人，没想到给她憋了这么个大招。我朋友跟我回忆了当时的情景："当时老孙那个信誓旦旦给我打包票的样子，让我突然就觉得他脑门上浮现出四个大字——'走火入魔'。我呢，正好是个仙侠剧迷，对于这种遁入魔道的人，最后的命运逃不开被主角团教化或者直接被消灭，但我挺有自知之明的，这两样我都做不到，要非说我有什么天赋，那就是我从小短跑挺好的，最擅长逃命，所以他就变成我前夫了。"

离婚之后，我朋友才从和前夫共同的朋友那里得知，她前夫在很久之前就开始赌博了，还一度因为赌博四处向朋友借钱，大家都对他避之不及。

我朋友后来专门去感谢了她的姐姐，要不是因为姐姐向她借钱周转的那件事情，她大概还会在之后的很长一段时间里都被蒙在鼓里。她过去一直很信任自己的前夫，觉得他为人真诚，做事也踏实可靠，是个值得托付终身的人，但没想到他竟然藏了这么大的秘密，连自己老婆的钱也算计，她现在想想都觉得后怕。

我朋友不无后悔地跟我说："要是我结婚前能跟他同居一段时间，可能他之前想要用力掩盖的事情就能尽早露出一些端倪，那我肯定就不会跟他结婚了。我现在就是觉得很对不起我爸妈，他们当时高高兴兴地给我操办婚礼，满心希望我能幸福，没想到现在却是这样的结果，他们那么大的年纪了，还要继续为我操心，唉！"

朋友的感慨让我很受触动，与很多年轻人不同，我们的父辈还是特别在乎领证和婚礼这样颇具仪式感的事情的。所以对很多人来说，一旦走到了谈婚论嫁这一步，就需要特别慎重了，因为它不仅仅是简单的两个人的结合，它还关系到两个家庭，甚至是两个家族的未来走向。对很多人来说，比起结婚，离婚时所要考虑的各种因素才更为错综复杂，因此，为了不让我们陷入更加困难的抉择中，在结婚之前就充分地观察了解对方是非常必要的。

　　婚前了解对方的方式有很多种，同居也算得上是一个比较全面细致地了解另一个人的方式了。提到同居，自然就会提到性。在某种程度上性生活的和谐也会影响两人婚后生活的质量，但前提是一定要做好保护措施，怀孕再打胎绝对会对女孩造成莫大的伤害。

　　当然我也听朋友说过她前夫在生育方面确实是有障碍的，但她前夫在结婚前就把这个情况早早告诉了她，而她认为这不是什么接受不了的事情，所以这就没有对他们的婚姻造成什么影响。我担心的是那些在婚前对伴侣有所隐瞒的人，如果没有婚前同居就贸然结婚，很有可能会让不知情的那一方在发现真相后，徒增很多烦恼。

　　婚后的柴米油盐和恋爱时的浪漫激情不同，同居的意义就在于让生活中那些最真实的碰撞去一点儿一点儿地打磨恋爱初期生成的粉红滤镜。

　　我曾经在网上看过一位母亲写给女儿的信，这位母亲在信中表明自己是支持女儿婚前同居的，她是这么跟女儿说的：

　　　　　　　　　　　　　　　　　　　　　　别再为爱自卑了

只有和另一个人生活在一起，你才能了解他所有的好和不好。等到热情消退后，你才能审视自己的内心，问问自己到底是爱对方，还是只有喜欢或者只是单纯有好感。

好感仅仅是非常表面且短暂的情感。你看到一个长腿帅哥，可能马上就会对他产生好感，可是，如果他转头把一口浓痰吐在你的脚边，那么这种好感可能就会立刻消失不见。

喜欢和爱的程度都要高于好感，但是它们之间也是有区别的：

第一，爱情具有依恋感，而喜欢往往没有。如果在你最难过、最孤独的时候，你会深切地思念着那个人，那么你对他的感情可能就超越了喜欢的程度。

第二，爱具有更强烈的利他精神。在爱情当中，双方会高度地关心对方的情感状态，会觉得让对方快乐和幸福是自己义不容辞的责任，哪怕是面对对方的不足，也会表现出高度的宽容。

第三，爱的双方不仅对对方具有高度的情感依赖，而且会接受亲密接触，表现为对牵手拥抱、亲吻和性爱的渴望。

孩子，妈妈认为，只有经历了同居，经历了完全的认识，你才能更好地理解这三种情感。

妈妈当然希望你一开始就拥有处理感情的智慧，但是我内心实在是没有信心，这不太符合逻辑，并不是聪明、有智商就能够解决好感情的问题，所以我鼓励你去尝试，哪怕你这一次失败了，也有助于你提升感情的智慧。

此外，妈妈告诉你，仅仅就婚姻中的双方而言，婚姻一定要保持物质、身体、精神这三者的动态平衡。同居关系能够使你们更好地体验生活，让你们了解你们在精神上有没有共同的追求。

你们相处的时间越久，就越能发现你们在生活中的矛盾点，你们会见到彼此无趣甚至是丑陋的一面。这些都是你们在普通的恋爱关系当中很难体验到的。

最后，妈妈希望你注意安全，勇敢地去尝试，找到长久的幸福。如果你失败了，难过了，受到了伤害，记得回来，爸爸妈妈永远会在家里等你。

别再为爱自卑了

我非常认可这位母亲的观点，因为在初期的恋爱关系当中，我们可能完全看不到对方的缺点，而对方身上那些让人无法理解的癖好，也因为彼此的私密空间没有被打破而被完美地隐藏。

我们以为两人生活在一起后会像之前一样美好，但是随着同居时间的增加，那些被粉饰过的问题就都会慢慢显现出来。同居本来就是一个试错的过程，如果错了，没关系，至少我们还有再来一次的机会，而如果恰好我们幸运地找到了那个能够和谐共处的另一半，那么，很可能我们也会得到一段可以幸福相守的婚姻。

如何确定对方是否适合结婚

你觉得怎样才能确定对方是不是一个合适的结婚对象呢？

《纽约时报》曾经刊登过一位美国婚姻专家的文章，他在文中给准备结婚的情侣们列出了十五个婚前必答的问题。我们在面对婚姻前，只有清楚地了解了对方最真实的想法，才能在心里对即将开启的婚姻生活有一个比较准确的判断。

我把美国版的这十五个问题结合我们的国情，以及中国式婚姻的特点，整理成了下面的十五个问题，希望目前正在打算进入婚姻或者已经进入婚姻，但对婚姻充满迷茫的你们，可以认真地思考一下这些问题，并试着交换这份试题的答案，也许那些曾经令你们感到困惑的问题就会渐渐明朗了。

第一个问题是关于孩子的：婚后要不要生孩子？孩子出生后主要由谁来负责照顾？

我们都知道一个孩子的出生对一个新婚家庭来说是有着非常重要的意义的。如果决定由妻子来全职带孩子的话，两个人必须事先在这个问题上有较为一致的想法，因为并不是所有女人都愿意为了孩子暂停自己的工作和事业。如果在准备要孩子之前没有想好怎么面对即将到来的小孩，那会对后续的家庭生活造成非常大的影响。

　　孩子的健康成长，是离不开父母的共同照顾的，但总得有一个人为了带孩子付出更多的时间和精力。在没有充足精力的情况下，有的家庭会请月嫂，有的家庭会求助双方的父母，这些事情不仅需要提前商量，还需要一定的预算支撑。有的时候还需要考虑谁的性格更适合带孩子，这些都是因家庭而异的。

　　除了在是否生孩子这件事上要达成一致以外，夫妻两人还要确定生几个孩子，是不是一定要到生出男孩为止。我认识的一个姐姐就是因为第一胎生了女儿而受到了夫家的冷漠对待，生二孩的时候担心自己生出的又是女儿惹丈夫生气，于是她在生产前给自己和即将出生的孩子订了一间价钱最便宜、条件最差的病房，好在终于生出了一个男孩，她才摆脱了唯唯诺诺的全职妈妈的生活。

不幸的是，不少婚姻就是这么完蛋的。夫家要求女方生一个能够传宗接代的男孩，如果女方生不出来就要继续生，直到生出一个健康的男孩为止。有的丈夫没有如愿得到男孩，又无力抚养"多余"的女孩，就不负责任地把抚养孩子的担子丢给妻子，可能原本一个还算过得去的小家庭，从此就走向了分裂和破灭。因此，如果这个问题事先不能得到足够的重视，那么孩子不仅不会成为这个小家庭的希望，反而会导致婚姻生活走向终结。

第二个问题是关于房子的：男女双方赚钱的能力以及目标是怎么样的？在哪个城市安家？全款还是贷款买房？是否需要双方父母的资助？房产证如何署名？

既然都要结婚了，在这一点上，我们不用觉得羞于启齿，生活是离不开钱的，婚姻生活自然也是如此。如果说构成婚姻生活的百分之十是爱，那么剩下的百分之九十就是柴米油盐了。

结婚意味着两个人要一起生活，这就需要双方在消费观等方面达到基本一致，能够理解和体谅对方的想法和做法。我的建议是建立一个共同的账户，进行日常的家庭储蓄，除了用来支付日常的花销，还可以把一部分钱用作赡养父母、教育子女等方面。

　　不用刻意去回避"钱"这个话题，如果两个人在钱的问题上有很大的分歧，我觉得你们最好还是不要急着步入婚姻。因为婚姻生活真的需要物质保障，可以说在婚后的很大一部分时间里，夫妻二人的生活都是围着钱转的。

　　我们在当下的大环境里，提到结婚，房子就必然是一个绕不开的话题，如果两个人婚前还没有购置房产，那么就需要协商好房子的购置和装修等一系列具体的问题。我见过很多情侣明明马上就要领证结婚了，但双方家长见面后，因为房子的问题谈不拢，最后闹到一拍两散。

　　我听朋友给我讲过一件发生在他身边的事情，他说他认识的一对要结婚的小情侣把两家父母聚在一起商量婚事，男方的父母见亲家家里很有钱，但是亲家不只有这一个孩子，因为怕亲家的房产落不到自己儿子和未来的儿媳的手里，所以要求亲家把房产过户到他们女儿名下。尽管女方家并不差这一套房子，也答应两个孩子婚后可以在这套房子里住下，可对这个过户的要求非常不满，于是找了个借口，让女儿拒绝了这个婚约。

　　所以有的时候真的不是有钱就能解决问题，没钱就没有办法结婚，关键是看遇到需要共同面对的问题时，两个人，或者说两个家庭能不能以一种双方都能接受的方式做出一定的让步和妥协。当然如果能及早发现触及对方原则和底线的问题，早早分开也不失为一种明智的选择。

而如果是异地的恋人，在结婚前还要选择一个共同生活的城市，两个人要提前商量好去哪个城市定居，并且尽早为即将到来的婚姻生活去做各方面的准备。两个人需要决定好是去男方的城市，还是去女方的城市，或者选择一个双方都喜欢的城市，展开一段新的生活。

第三个是关于承担风险的问题：如何面对未来生活中可能会出现的风险？

婚姻不仅意味着资源互换，也意味着共担风险。任何一方的失业和疾病都会给这个小家庭带来经济上的负担，更不用说双方的父母年事已高，各种疾病和意外都可能会发生，所以夫妻二人当中，一定要有一个主心骨。我们虽然希望永远都不要发生意外，但是也要尽量保证在发生意外时，自己有解决问题的决心和能力。

有的情侣即使谈恋爱的时间很久，但他们能不能对自己负责都难说。所以在结婚前，最好还是能静下心来，认真地问问自己：我真的做好准备，能够承担得起一个小家庭以及两个大家庭的责任了吗？

第四个问题是关于婚后生活方式的：婚后要和父母一起生活吗？

如果双方父母干涉自己的生活该怎么办？双方父母都可以有自己房子的钥匙吗？他们可以在不打招呼的情况下随便进出自己的家吗？

也许你们在结婚之前已经相处了很长一段时间，甚至经过了一段稳定的同居生活，但是在结婚前，还是要再次考察和确认是否可以接受彼此的生活习惯，是否有信心以足够开放的心态去包容彼此的不足，因为这决定了你们是否能在今后漫长的岁月中长久地、和谐地相处下去。

比如，很多男孩子喜欢把内裤和袜子一起丢到洗衣机里洗，而大部分女孩子更喜欢把内裤和袜子分开来手洗；有的女孩子在夏天睡觉前喜欢把空调关掉，有的男孩子喜欢在睡觉前把空调的温度调得很低，一开就是一整夜……生活就是由一个个这样的小细节构成的，如果一件小小的事情都能引起两个人的摩擦，那婚后的每一天都将不得安宁。

关于是否和父母同住，我的建议是如果有条件的话，婚后还是尽量不要和父母同住。毕竟是出生在不同年代的人，年轻人和父辈在思想观念及生活习惯上都必然存在巨大的差异。尤其是在小夫妻和夫家同住的情况下，如果丈夫没有办法协调好妻子和婆婆的关系，那就很容易伤害夫妻之间的感情。对妻子而言，作为这个家中唯一的"外人"，在和公婆产生矛盾后，很容易变得孤立无援。很多女人因为一个强势的婆婆和一个大男子主义的丈夫，经常必须压抑自己的委屈和不满，有些女人甚至在负面情绪没有办法得到发泄的情况下得了重病，造成无可挽回的悲剧，而最可惜的是这一切本来是可以通过分开生活来避免的。

第五个是关于两人之间的信任问题：如果两人中的一个为了事业的发展，需要离开家庭所在的城市工作一段时间，双方能够做到对彼此忠诚吗？

说句很无奈的话，在婚姻当中，有的时候我们只能选择相信对方，因为只要一方想做背叛另一方的事，是一定能找到机会的。如果一个人故意想骗你，完全可以做到滴水不漏。等到

别再为爱自卑了

我们有所察觉，并且有朝一日去揭开事实的真相，很大概率会看到一些让人三观尽毁的谎言和欺骗，有的甚至完全可以颠覆我们对人性的认知。

所以，在婚姻中我们是否能做到从一而终、坚守忠诚，到最后靠的并不是爱情，而是对家庭的责任感和我们做人的良心。因此我们能不能选到一个正直而自律的人，也在很大程度上决定了我们是否可以守住自己婚姻的底线。

第六个是关于性的问题：我们是否能够坦诚地说出自己对性的需求、对性的偏好或者某些对性的恐惧？我们能否坦诚地告知对方自己的个人病史及家族病史？

关于"性"这个话题，其实是我们在婚前最不该避讳的。性作为婚姻生活中的重要组成部分，不仅仅充当着情感润滑剂，也在一定程度上决定着一段婚姻的幸福程度。在我看来，我们在判断自己有没有爱上一个人的时候，可以问问自己是不是对对方有一种最为原始的性冲动。性是和吸引力直接挂钩的，是维系感情的重要纽带。

现实生活中，有很多人是由于在伴侣的身上得不到性方面的满足而选择出轨，导致婚姻关系破裂。如果两个人在结婚之前就在这个问题上有过深入的探讨和实践，可能在结婚这种重要的选择上就会变得更为慎重。

第七个问题是当亲情和爱情对立时，该如何抉择？如果父母不太喜欢自己的伴侣，怎样才能做好父母的思想工作？如果已经尽力了，但父母依然不同意，是不是要放弃这段感情？

我觉得在一些家庭中存在着这样的问题：老丈人不喜欢自己的女婿，婆婆也看不惯自己的儿媳。老人家有这样的表现也是可以理解的，因为所有父母都认为自己的孩子是天底下最好的宝贝，任对方多么优秀，也总归是配不上自家的宝贝的。但不喜欢归不喜欢，看不惯归看不惯，父母们最多也就是在心里想想，或者偶尔在口头上抱怨几句，这都是很正常的。

可一旦有父母对自己的孩子放下狠话"有他（她）没我，有我没他（她）"，并且对你们的婚事明确地提出反对，那就是一件让人非常伤脑筋的事情了。造成这种局面的原因可能很多，比如，你的父母太过强势，或者你的另一半真的有问题，但你的的确确得从这两者中做出取舍。是选择一段不被家人祝福的婚姻，还是选择斩断情丝从头来过，这都是需要你静下心来去思考的。

如果你想继续和对方走下去，那就要尽量去说服自己的父母。因为可能在刚开始的时候，你的父母并不了解你的伴侣，但对伴侣有更多了解的你完全可以向父母好好介绍你所心仪的人身上有哪些吸引你的优点，尽可能地让你的父母知道你将来要相伴一生的这个人有着怎样的魅力。有的时候就算和父母的争吵是不可避免的，也没有必要说出伤害父母的话。

　　而如果你决定听从父母的意见和对方分开，也要尽量减少对另一半造成的伤害。尽管我们都明白但凡是分手，就没有不令人痛苦的，尤其是这样被外部因素强行终止的感情，就更需要给彼此一些接受的时间了。

　　第八个是关于两人相互理解的问题：我们真的有能力和耐心倾听对方的诉说，并且能够公平对待对方的抱怨和想法吗？

　　结婚的本质是找一个人生的合伙人，找一个坚定并且可靠的战友。尽管有的人在谈恋爱的时候，喜欢向对方许诺“不管以后遇到什么困难，我们都可以一起解决”，但真正进入婚姻生活之后，遇到一点儿小的分歧就非得争得面红耳赤的夫妻却比比皆是：你看不到他（她）为了生活去打拼、去努力工作，偏偏要抱怨他（她）没时间陪在你左右；他（她）看不到你把家收拾得井井有条，把孩子照顾得健康快乐，却还要嫌你一点儿都不能体会职场上的辛苦和疲惫。

在家庭当中，角色分工的不同必然会导致一些争吵和口角，这也是在用一种激烈的方式告诉对方：你可不可以关心我一下？你能不能也体谅体谅我的难处？在大多数情况下，伴侣之间的争吵就像是另一种形式的撒娇：你本来应该懂我的，你本来应该看到我为这个家做出的贡献的，可你怎么就不能夸夸我呢？生活这么辛苦，我偶尔也需要你的鼓励才能继续义无反顾地走下去。我们有的时候就是磨不开面子，不好意思直接说出内心最真实的想法，往往话到嘴边，就变成了指责和埋怨。

因此，可以读懂对方最真实的情感需求，是我们身为对方最为亲密的人应有的觉悟。我们要做的不是去指责对方的烦躁和脆弱，而是在他们感到筋疲力尽的时候给他们一个大大的拥抱，告诉他们我们知道他们尽力了，如果累了，就休息一下吧，谢谢他们一直以来的默默付出。

第九个问题是关于在婚姻当中保持自我：我们永远不会因为婚姻而放弃的东西是什么？

有一个我们不愿意承认却不得不承认的事实，那就是在婚姻当中，是存在奉献和牺牲的，而如果这种出于爱和责任的主动付出超过了一定的度，就会让付出的人觉得委屈和不值。所以在结婚之前，明确双方的界限是非常重要的，最好能够清楚地知道有什么东西是对方不会因为结婚而放弃的。

对一些人而言，车、房、钱等财产是他们不愿在婚后和伴侣分享的；对一些人来说，他们绝对不会因为婚姻而放弃自己热爱的事业；有的人可能需要就近照顾自己的父母，不能接受在结婚之后住到离家太远的地方；有的人可能自尊心很强，所以不会接受实力不对等的婚姻。

每个人都有自己在意和坚持的方面，而这些在意和坚持会不会演变为婚姻当中冲突和矛盾的焦点，就要看夫妻双方是否愿意做出让步。对于不太重要的事情，或许暂时的妥协和让步是行得通的，但如果想挑战我们坚决捍卫的底线，就很容易动摇婚姻的根本，这都是我们在婚前就要认真想好的。有的时候婚姻走不下去了并不因日积月累的矛盾瞬间爆发，也许从一开始，我们就低估了自己的固执，高估了对方的包容度和忍耐度。

第十个是有关对待双方父母的问题：我们能不能尊重并孝敬对方的父母？双方父母会不会干涉两人的相处模式？

在婚姻当中除了要注重自己小家庭的经营，还必须协调好这个新组建的小家庭和我们原生家庭之间的关系。我见过很多年年春节因为回了一趟老家而大吵一架的夫妻，吵架的最初原因无非就是大家彼此不够了解，所以造成了很多偏见和误会，有的是女婿和老丈人聊不到一起去，有的是婆婆嫌儿媳妇干活不勤快而明里暗里表达不满。

事实上我们只有处理好伴侣和自己原生家庭的关系，才不至于因为一些小事让双方闹到老死不相往来的地步。但有的时候，如果原生家庭严重限制了我们的发展和自己小家的和谐，就需要在某种程度上做一定的切割，不让双方的大家庭过分地插手小家的事务。如果准备结婚的两个人没有在这一点上达成共识，那么两人在婚后就很有可能一直陷在两难的状况里苦苦挣扎。

第十一个问题关于双方的朋友圈：我们能够喜欢并且尊重对方的朋友吗？如果不喜欢对方的某个朋友怎么办？可以忍受对方有异性朋友吗？是否愿意把自己的异性朋友介绍给伴侣？

简单来说，问题的本质是我们怎么看待自己的占有欲。这个问题不限于夫妻，可能两个人在谈恋爱的时候就已经遇到了爱情和友情撞在一起的情况。如果两个人有共同的圈子，这就不再是个值得讨论的问题。但在大多数情况下，两个相爱的人可能来自完全不同的地方，所以我们不可能完全了解对方生活的环境和他们所遇到的人，因此和伴侣的结合必然也会给我们带来新的朋友：想认识的、不想认识的，喜欢的、不喜欢的，多少有点儿介意的、非常在意并且想极力阻止他们继续交往的……

如果去做重要程度相同的事情，举一个很常见的例子，你的朋友和你的伴侣在同一个时间段里都约你出去，你会和谁一起出去呢？不同的人会有不同的选择。有的人觉得伴侣是自己人，会理解自己这一次的失约；有的人会认为朋友可以再找另外的朋友同去，而伴侣是唯一的，所以一定不能让他（她）失望；有的人想要做到两全，所以有可能会带着自己的伴侣去赴朋友的约。

而站在伴侣的角度，你可以接受对方为了跟朋友出去而对你爽约，或者你愿意跟他（她）的朋友一起去做那些本来你打算你们两个人一起去做的事吗？

不同的人肯定会有不同的答案。太多的束缚会让对方感到窒息，但假装大度又会让自己憋出内伤，所以在健康的亲密关系中，能够真实地表达自己的感受和想法是很重要的。比如，你是出于戒备而不喜欢对方的某个异性朋友，那你就可以要求下次他们单独见面的时候带着你一起；如果你单纯因为个性不和而没办法和伴侣的另一个朋友相处，那么你完全可以要求今后不再去任何有那个朋友出现的场合。

我想，一个体贴的伴侣是能够做到将心比心的，而对于那些完全不顾及你感受的另一半，你也就可以想想你们是不是真的适合长久地生活在一起了。

第十二个问题是关于对方家族的：对方家族中让自己最不能忍受的事情是什么？

结婚不是两个人的事情，而是两个家族的事情。在对方的大家族当中，或多或少都存在一些让你看不惯的事情，为了不让这些问题变成妨碍自己小家庭幸福的因素，就需要在婚前和对方说明白。很多事情如果不在婚前说明白，等到结婚后才提出来，相信我，随着时间的推移，你们之间的积怨会越来越深，有的甚至会直接影响你们能不能继续生活在一起。

第十三个问题是吵架了要怎么办：吵架后能适时地终止

　　　　　　　　　　　　　　别再为爱自卑了

吗？会冷战吗？能否冷静下来倾听对方的需求？

千万不要小看冷战的危害，我的一个叔叔和结婚二十多年的妻子离婚就是因为冷战，两个人冷着冷着就觉得再这么过下去也没什么意思，于是就相约民政局，领了离婚证。他跟我说起这件事的时候不无感慨地说："以前经济条件不好，家也小，就算两个人闹了别扭，但每天低头不见抬头见的，也就都能和好。自从搬进大房子里，吵了架以后每天都见不着她人，后来也就习惯了一人一个房间，自己过自己的。直到有一天我觉得有或没有老伴儿都对我的生活没有影响的时候，我就下定决心把这个婚给离了。"

如果情侣或者夫妻之间还能吵架，这是一个非常积极的信号，说明即便换了种更加激烈的方式，两个人还是有继续沟通的意愿。我们就算对对方说了再多难听的、伤人的话，本质上还是个多年以前对着爸爸妈妈求抱抱、求关注的小朋友。我们只是盼望着对方拉起我们的手，对我们说："没关系，都过去了，我会一直爱着你的。"

冷战就不一样了，冷战相当于切断了两个人的沟通渠道，可能在这之前两个人的矛盾已经多到没有办法用任何一种方式解开了，积攒了多少失望，下了多狠的心才能做到对对方视而不见呢？而持续的冷战更有可能把两个人的关系逼到没有转圜的余地。

我相信一定有人在发生冲突的时候习惯性地使用冷暴力，但我还是想说，真的爱一个人的时候，就算再倔强、再不愿意低头的人，也是不会让爱的人等太久的。

第十四个问题是关于家庭事务的各种决定：日常的家务活谁来做？是分工合作还是请钟点工？购置大件物品或者涉及较大金额的消费的时候最后由谁来拍板？每年春节去谁家过？父母如果患上重大疾病，生活不能自理，由谁来照顾？

要知道婚姻当中最忌讳的就是先斩后奏，尤其是遇到涉及各家亲戚的问题时，适当地向对方报备是很有必要的。夫妻之间很多的矛盾都缘于一方的自作主张，这样会让另外一方觉得你没有把他当作一家人来看待。所以一定要在做出最终的决定之前，及时了解对方的想法，最好能共同讨论出你们可以接受的解决方法。这样不仅能显示出对对方的尊重，还能在共同解决问题的过程中加深你们之间的羁绊和感情。

第十五个问题是对婚姻底线的探讨：我们是否能充满信心

地面对各种挑战，使我们的婚姻一直往前走？突破什么底线会让自己放弃这段婚姻？

既然婚姻是一种契约，那么我们就必须知道碰断哪条红线会引发契约的终止。一般来说，在出轨、家暴、赌博、吸毒中，但凡沾上一条就该宣告婚姻的结束了。有些人在觉得已经不爱对方了或者不能再在对方身上得到好处的时候，也会想要结束这段婚姻。

我相信我们大多数人在结婚之前，都不会去考虑这段婚姻将在什么时候走到尽头，这不是我们在结婚前就能预见和想象的，但我们至少要清楚地告诉对方自己在婚姻中不能接受的行为。每个人都有不能被踩到的底线，都有自己想要守护的东西，我们所珍视的东西万一真的不幸被对方践踏，也希望我们能够做到及时止损。尽管我知道这个止损的过程可能会相对漫长，但等到我们做好了感情的抽离和各方因素的分割，就可以缓缓挥手道别了。

最后我想说的是，在结婚前，你们热烈的爱情会让你们产生幻想，让你们误以为爱是治愈一切的良药。实际上，你们实在是低估了婚姻的复杂程度。如果你们看了上面这十五个问题之后头皮发麻，着急寻找答案，不好意思，没有正确答案。

婚姻就是一个把浪漫的恋爱磨成琐碎日常的过程，或许在结婚前，热烈的爱情会让我们对结婚这件事情充满很多美好的幻想，但当激情退去时，婚姻生活就是今天谁来做饭，明天谁去加油，去哪个超市会买到好吃又便宜的新鲜蔬菜，房贷的还款期又到了，怎么这个月的工资还没有按时发下来……一桩桩，一件件，平凡又真实。婚姻不是打牌，重新洗牌要付出巨大的代价。我希望每一颗想要爱的心都能够遇到契合的另一半，也希望在漫长的余生里，我们都能记住当初决定携手走进婚姻时，那份一往无前的勇气。

别再为爱自卑了

第 四 章

要结婚，
还是不要感情用事

结婚该不该要彩礼

　　情侣走到谈婚论嫁这个地步，彩礼也始终是个绕不开的话题。关于彩礼的事情，我的朋友给我讲了发生在她身上的事情。

　　我的朋友和男朋友谈恋爱有一年时间了，感情也一直很稳定，他们也曾经私下谈论过有关结婚的事情，但还没有走到见双方家长商量婚事的那一步。

　　有一天她男朋友突然找到她，跟她说在彩礼这个问题上，希望她可以跟他统一战线，最好能跟他一条心，帮他游说一下自己未来的丈人、丈母娘尽量向他们家少要些彩礼，因为自家的老人肯定是不会在钱上亏待他们小两口儿的，少要一点儿彩礼也没什么，反正这钱她的爸妈也是不会要的，到最后还不是会返到他们手里，所以少要点儿走个过场就行了。况且他怎么会让自己的媳妇吃亏呢？以后跟着他吃香的、喝辣的，这么一

　　　　　　　　　　　　　　　　　　　　　　别再为爱自卑了

点儿彩礼根本算不了什么。

虽然我朋友觉得这样的说辞有点儿怪怪的，但是觉得都要变成一家人了，也没必要在钱上计较这么多，加上自己的父母也不是那种会在钱上斤斤计较的人，所以她答应了男朋友，决定回家跟父母商量一下彩礼的事情。

她当晚回到家就把男朋友的意思转达给了自己的爸妈，让她没想到的是，爸妈却因为这个彩礼闹得很不愉快。爸妈看到自己的女儿居然为男朋友做到这种地步，直言非常寒心，他们说："你们才认识一年，现在说结婚还太早，你们还远远没到需要考虑这种事情的时候，那小子现在就开始盘算着一分钱不花就把你骗到手，你知道爸爸妈妈心里有多难受吗？"

我朋友说她听到爸妈的话后才有种如梦初醒的感觉，她说现在想想，自己当时真是太傻了，不仅傻，还伤了爸妈的心。

在那之后，男生带着我朋友见了他的家人，他的家人对我朋友并不热情。据她男朋友说，家人不太热情的原因是两人的婚事还没有确定，所以他家觉得太过热情会吓到他未来的老婆，其实他们都是在为她着想。

男生的姐姐是开店做生意的，她说因为是第一次见面，所以要送我朋友一点儿见面礼。我朋友本来是很期待的，但没承想她所说的见面礼却是从她店里拿的东西。这样也还好，关键是她姐姐把东西送给我朋友后，还向我朋友的男友收了钱，说这样也算是照顾自家店铺的生意了。

我朋友也是第一次知道原来还有这样照顾生意的，当时就不高兴了，她问男友哪有这么送人礼物的？怎么说送人东西，最后变成卖东西了？换作她提出送别人礼物，就绝对不会再开口向别人要钱。

但她男友却觉得这没什么，在女友面前极力维护自己的姐姐，觉得我朋友没有必要在这种小事上较真儿。因为这件事，我朋友和她男友大吵一架，最后闹得不欢而散。

我觉得我朋友选择和这样的男友分手是个很明智的选择。因为男方家庭对你的重视程度在某种程度上是可以反映出男友对你的喜欢程度的。如果你的男友很喜欢、很在乎你，他的家人往往也会对你表现得周到热情，因为他们生怕给你留下什么不好的印象从而让你产生离开男友的想法。

而我朋友亲身经历的事情恰恰就说明了这一点，她和男方家人在初次见面的时候因为一个小小的见面礼就闹得这么难看，那么往后要是他们真的谈婚论嫁，诸如此类的摩擦和矛盾一定是少不了的。

说到底，他们自己家人之间怎么算计是外人不好过问的，但还没有订婚就把未来的投资和回报算得清清楚楚，未免也太过心急了。打着"彩礼是糟粕"的幌子给女方洗脑，给女方强行灌输"不该要彩礼"的观念，实际上就是为了自己家庭的利益。

老实说，强行从本就收入不高的父母那里掏出他们辛苦攒下的钱为自己的小家庭"输血"，确实让很多男孩觉得于心不忍。但真的孝顺并不是要求女方少要彩礼，而是自己拿出钱来把父母力所不能及的部分填上。如果真的觉得女方是在强人所难，那这种婚不结也罢，找一个和自己家庭条件差不多的另一半也不失为一个好的选择。

彩礼本来就是一件需要两个家庭商量的事情，不管怎样都是长辈对晚辈组建家庭的一种经济支持。一般情况下，两家会采取较为公平的出资方式把钱交到新人手上。既然女方敢对彩礼提出具体金额的要求，那就说明女方的家庭也能给自己的女儿提供数额相当的嫁妆。不管是彩礼还是嫁妆，通常最终都会交到小两口儿的手里。

所以这里并不存在谁占了谁的便宜的说法，如果男方连这一点都看不明白，还硬要跟你讨价还价的话，那要么是他真的给不起，要么就是他给得起，但并不想给。如果是第一种情况，那他或许还是爱你的，但你需要考量一下他爱你的能力和诚意；而如果是第二种情况，那他也没有多么爱你，要不要选择继续跟他走下去，你真的要认真思考一下了。

别再为爱自卑了

父母反对还要结婚吗

在我们真实的生活当中，并不是所有人的婚姻都能得到父母的支持和祝福，虽然在这种情况下，有时亲情和爱情不会被放在绝对对立的位置上，但当亲情和爱情产生矛盾时，情侣们仍然会被迫面临一个非常艰难的抉择。

讲两件我身边的人经历过的事情。第一件事发生在我的朋友身上，他和女朋友是自由恋爱，他们在一起很多年后，终于到了谈婚论嫁的时候。可是在他带着女朋友见了自己的爸妈后，他的爸妈直言他们不喜欢他的女朋友，主要是因为他爸妈觉得姑娘的个子太矮了，整个人又瘦又小，而且个性也太过文静，所以他们明确地投了反对票。

女孩在知道男方爸妈的态度后，也做了很多努力，试图让他们接受自己，但一切似乎都是徒劳的，男方的爸妈一直都不同意他们俩的婚事。在这期间我朋友一直为了自己的女友跟爸妈据理力争，但他的爸妈还是不为所动。他被逼得实在没有办法，给爸妈撂下了这么一句话就走了，他说："我实在没有办法想象以后没有她的日子，我不能接受以后陪在她身边的那个人不是我。"

我朋友决定用自己的坚持让爸妈去接受他的女朋友，自此之后，他和爸妈拉开了一场旷日持久的斗争。他从之前的一个星期回一次爸妈家，变成一个月回一次爸妈家，再到后来，他基本上就不怎么回爸妈家了。

这样的状态他足足坚持了一年，我朋友的爸妈终于还是被儿子的倔强所打败，他们也终于明白了儿子的决定并不是一时兴起，他是真的很爱那个女孩，尽管无奈，但还是接纳了他的女朋友。随着时间的推移，我朋友的爸妈也慢慢地发现了女孩身上真的有很多他们从前没有发现的优点。

后来他们如愿结了婚，生活也一直非常幸福。有天晚上他们一家人围坐在饭桌旁有说有笑，我朋友因为高兴就多喝了几杯，喝到最后我朋友有些醉意，他动情地握起了自己老婆的手，不无感慨地说："亲爱的，你看吧，其实我们能做到的，对吧？

我们光明正大地在一起了，我们一辈子都不要分开。"

第二个是我一个同事的经历。她当初也因为男朋友不被她的爸妈接受而跟爸妈闹得不可开交。她爸妈怕她跟她男朋友这样的人在一起会吃很多苦，但她并不这么觉得。

无奈之下，她爸妈给她男友设置了几个几乎不可能完成的任务，其中之一就是要在两年内全款买到房子，我同事当时觉得爸妈是在故意为难男友，又急又气，没少因为这件事情哭鼻子。但她男朋友却在这个时候站了出来，他非常坚定地保证一定会努力完成他们的要求。

看到他们都这么坚持，同事的爸妈还是心软了，他们同意了女儿的婚事。尽管最终房子是按揭买的，但是贷款都是男孩子一个人在还，看到男孩子为了他们小两口儿的生活一直在努力奋斗，女孩的爸妈也不忍心再继续刁难他。尽管他们在最开始的时候并不看好这个小伙子，但他没有因为他们强烈的反对而产生任何放弃的想法，反而为了守护他们的爱情扛住了所有的压力，积极地应对所有可能出现的问题。

很多时候，父母看中的是对方的真心和真诚，他们把苛刻的条件压在这些孩子的身上，很大程度上是为了考验一下对方的诚意。因为如果两个人之间有真正的爱情，是不会因为一点儿困难就落荒而逃的。婚姻必然是包含着责任的，你需要的是一个婚后能与你并肩作战的战友，你可以放心地把自己的后背交给对方。

最可怕的是你拎不清，把他的借口当作对你的一往情深，却把反对的父母当成自己真正的敌人。错爱一个人真的很可怕，真正爱你的人，他至少愿意为你努力一次，所以父母反对的爱情重点不在于父母的反对，而在于你真的能透过种种复杂的表象，看到他那颗深藏的真心吗？真爱不是用嘴说的，而需要切实地付诸行动。希望所有的有情人都能通过层层考验，走向最终的幸福。

门当户对

　　我有个从小就很爱看韩剧的朋友，相信看过韩剧的人都知道，很多古早韩剧的女主角都被设定成弱小、可怜又无助的平凡少女，编剧会制造各种魔幻的巧合强行把一个高冷帅气的霸道总裁和女主凑到一起，并且还会贴心地给女主配上一个温柔深情的富家子弟，用来填补总裁没有出现在女主身边的那段空白。

　　因为我的这个朋友生得明艳漂亮，人又单纯可爱，真的很像韩剧里的女主角，所以她每次的恋爱经历都像电视剧的剧情一样充满惊喜和浪漫，只不过她恋爱脚本的编剧变成了那些争相追求她的男孩子，身边自然也有很多跟韩剧里一样的富家子弟、霸道总裁。但到了步入社会的年纪，我朋友家的公司突然面临破产，当时跟她相恋多年的男友在得知这个情况后，没过多久就和她提出了分手，并且很快就搬去了另一个城市。

当时她的男友对她说因为要去外地发展，所以可能没有办法继续照顾她了，尽管他很心疼她现在的处境，但他必须服从家里的安排。因为他这一走不知道要什么时候才能回来，为了不耽误她的大好前程，所以决定暂时和她分开一段时间。

我朋友因为男友提出的分手难过了很久，还一直傻傻地盼着这个男人有朝一日重回家乡，盼着能够再次见到他，但她后来等到的却是男人在外地结婚的消息，结婚的对象是当地一个建材商的女儿。男人家本来是开家装设计公司的，男人后来跟朋友承认过，他娶建材商的女儿并不是因为有多爱她，只是觉得她家的公司可能会帮到自家的公司。他还说朋友在他心中一直有着不可取代的作用，其实他对她还是很有感情的。

"原来韩剧都是骗人的，怪我自己傻，居然相信那些骗人的东西。"朋友后来是这么跟我说的。男人的做法虽然令人不齿，但他代表了如今社会上的很大一部分男人。他们会在恋爱时随着自己的心意找喜欢的姑娘，但对自己的结婚对象却有着非常高的要求。

即使貌美如我朋友，如果遇到一个更在乎家族利益的男人，也注定是没有办法走到一起的。所以男人在乎门当户对吗？你可以试着问问身边的男性朋友，我相信有一部分人会告诉你，他们从小被灌输的观念就是一定要找个家境差不多的姑娘结婚。在结婚这件事情上，他们不要求对方是什么大富大贵的人家，但起码对方的家庭条件不要比自己家差很多，否则因为结婚而被对方家庭拖累的话，那就实在太倒霉了。

我有个男性朋友是一个二线发达城市的土著，他的家庭条件尚可，和女朋友谈恋爱已经有五年了。在这五年期间，他的女友曾经暗示过自己有和他结婚的打算，他在委婉地询问了女方的家庭条件后，跑来跟我说女方家有个姐姐是在事业单位上班的，父母目前住在某四线城市，都在那个四线城市的某农业大学里工作，她父母家里面至少有两套住房，还有一些正在出租的门面房，一年的租金算下来有几十万元。他还说女朋友的父母都很宠她，所以到时候他们结婚，老两口儿应该会为女儿筹备不少嫁妆。

在评价自己女朋友的时候，他说他觉得自己的女朋友性格很好，不像有些女孩子那么作，就是有的时候花钱会有些大手大脚。但结婚毕竟是个大事，所以他想问问我，这个女孩子的家庭条件算得上是中产吗？

听完他的叙述，我问他小算盘怎么打得这么精？这是打算结婚呢，还是打算清算她们家的资产呢？当然在那之后我也没再跟他多说什么。据说，后来这个男孩还是跟他的女朋友分手了，他最后还是选择通过相亲去找和自己家庭条件差不多的结婚对象。

无独有偶，我另一个男性朋友的爱情故事也让人唏嘘，他和女朋友都是名牌大学的硕士研究生。两个人经历了五年的恋爱长跑，在临近结婚的时候男生突然觉得女朋友配不上自己，但当时也没有什么合适的结婚人选，所以他很犹豫，不知道要不要分手。

我问他是不是两人的感情出了什么问题，他说感情倒是没什么问题，就是他女朋友的家庭条件太一般了，如果他们在上海买房，她家连一套房的首付都拿不出来。虽然她是个研究生，但学历也就那样，不是特别高，而且她父母看着不是那种有权有势的人，肯定没有办法给他提供什么人脉或者资金上的资源，

　　　　　　　　　　　　　别再为爱自卑了

至于女朋友的长相嘛，要说漂亮，也算不上是那种大美女的类型。再看看自己周围兄弟的女朋友，人家不是博士，就是富二代。唯一值得一说的就是他们之间五年的感情，不过除此之外，他就再也找不到要和他女朋友结婚的理由了。

他话里话外都透露着对女朋友的嫌弃和不满，过去五年的感情也被他用一句轻飘飘的话简单带过，他还补充说："我现在这个女朋友唯一的好处就是很省钱，而且她也很爱我。但是如果可以的话，我还是想再等等看，到时候最好能找个本地人结婚，毕竟结婚是我能想到的最快改变命运的手段，必须慎重才行。"

他这一段话听得我大为震惊。可能在女生看来，自己遇到的是细水长流的爱情和值得托付的良人，也许她根本无法想象，自己在男朋友眼里就是一个可以随时被更换的备胎。她的男朋友不仅已经给她的外貌、学历、能力、性格、家庭、财力、生育价值，甚至父母的退休金等各项指标默默打了分，而且在评判的过程中真正做到了一丝不苟，即使有五年的感情打底，她男友最终还是给了她一个完全不及格的分数。

我一直认为在很多男人的心目当中，恋爱和结婚肯定是不一样的，他们可以因为一时冲动而进入一段感情，但等到结婚的时候就要进行谨慎的考量。就像前面提到的这种男人，他们从一开始就没有想过要和对方长久地发展下去，之所以拖了三年、五年还没有分手，完全就是抱着"骑驴找马"的心态，在找到一个真正可以结婚的对象之前，吊着一个傻姑娘谈情说爱也未尝不可。若问在这个过程中，男人付出过自己的真心吗？必然是动过心的，也必然有那么一瞬间想要和眼前人一起走下去，但这一瞬间的念头根本不足以战胜他想要过上好生活的决心，他终究还是更爱自己的。

他们觉得在现实面前，这些虚无缥缈的感情简直就脆弱得不堪一击。这样的男人在选择结婚对象的时候，一定会考量对方到底有没有一定的投资价值。他们把女性的价值分为自然价值和社会价值两个部分，所谓的自然价值就是女性的美貌和生育能力，而所谓的社会价值就是女性的财力、能力和综合实力。很多年轻的男人想要拥有社会价值过硬的女人，而很多年纪大的男人则更加看重女性的自然价值。

我有个姐姐，每次谈恋爱到了要结婚的那一步，男方就会找各种借口，想尽各种办法进行拖延，等到最后都是她实在受

别再为爱自卑了

不了了向对方提出分手。那些男人呢，在和我这个姐姐分手后不久，就都和别的家境更好的姑娘结了婚。

在这些莫名其妙的分手故事里，这些男人都选择了或主动分手，或逼迫对方分手的方式结束了他们认为不会有结果的感情，而究其原因，大部分都是他们认为女方的条件符合他们的恋爱门槛，但不符合做老婆的要求。他们从一开始就只打算和这些姑娘谈恋爱，并没有想过要把她们娶回家：谈恋爱要选漂亮的，随便谈着玩玩的，反正又不会吃亏，而娶老婆就要娶有钱的、贤惠的，最好是能够对自己事业有帮助的。我相信这就是一部分男人的择偶策略，他们在行动之前就已经盘算好了一切。

女人不介意把自己的现实宣之于口，而男人却总是把他们的现实默默地藏在心里。

男人一旦把自己的真实想法说出来了，还有姑娘敢爱他们吗？我想告诉很多还在被这种男人拖着的姑娘，大家都是成年人了，要分得清楚应然和实然。很多时候，你不要去听一个男人嘴上说的是什么，而要去看他实际上做了什么。你要能清楚地分辨一个男人说话的真实目的，因为一旦得知了有些人内心的真实想法，你一定会感到很心寒的。

这就是赤裸又残酷的现实。在如今这样的环境下，你不要觉得只要自己没想着攀高枝，就能顺顺利利地找到合适的对象，因为说不定跟你条件差不多的男人还会为找到你这样的人而觉得心有不甘，他们希望你在某方面的不足会被你另一方面的优点补足。你也不要以为只有家庭条件不好的凤凰男才那么爱算计，事实上，不管家庭出身如何，一样会有精于算计的男人。即便是一些生于知识分子家庭的男人，他们在择偶的时候也会优先选择知识分子家庭出身的女孩。

选择结婚对象就像是做连线题一样，你需要的要和对方能提供的相吻合，而你能提供的也要满足对方所缺少的，很多姑娘引以为傲的深情其实在男人的眼里根本一文不值。所以别找错了对象，爱错了人。

我真心想劝那些谈了几年恋爱，却迟迟不肯结婚，最后找个借口把女朋友甩掉的男孩子，你们还是去相亲吧，也许那种从一开始就摸清对方情况的恋爱模式更适合你们。否则你们一边在嘴上说着对方是真爱，一边又在心里计算着对方的家产，实不相瞒，这样的嘴脸看上去真的非常丑陋。

还不如活得敞亮一些，大大方方地承认自己本来就是个很现实的人，不用表面打着爱的幌子，而在背地里进行着猥琐的窥探。我还挺欣赏那些坦然地根据物质条件去挑选恋爱对象的人，因为他们往往都是先看对方能不能够达到他们恋爱的准入门槛，再去决定要不要和对方恋爱，他们至少能够做到不去随意欺骗别人的感情。

至于那些当面和你亲热，转过脸就拿起本子做计算题的人，人前总是装作一副深情款款的情圣模样，人后则阴沉市侩、庸俗至极。

人生在世，最不明智的做法就是在该用感情的时候错用了理性，而在该理性的时候却妄动了感情。亲密关系本来就不是纯粹的感情或者纯粹的理性能支配得了的，作为男人，在搞不清状况的时候不要轻举妄动，否则很有可能会搭进一个无辜女孩的大好青春。

我真的想对这些表里不一的男人说：你胡作非为，觉得自己玩个几年，风流潇洒，不辜负自己的青春，可是那个从头到尾都认真爱着你，一心想要和你谈婚论嫁的姑娘呢？你有没有想过她和你在一起的这些时光又算什么呢？等到最后真相大白，你猜她会不会觉得自己一直以来就是个天大的笑话？你忍心让一个真心爱过你的姑娘落得这样的下场吗？我真心地奉劝你们一句：别作孽了。

找到对的人是什么感觉

在婚姻当中，男人的温柔对这个家庭来说到底有多重要呢？

我有个朋友曾经对爱情充满期待，可在婚后却发现自己的老公总是因为一些小事就跟她争吵不休，他们平时聊天也根本聊不到一起去，更别说有时必须做出重要的家庭决策了。

在这段感情里，她一直爱得比较卑微，她为这段关系付出过很多努力，也曾经尝试改变自己去迎合对方。但几年的婚姻生活却迫使她从一个快乐活泼的姑娘变成一个对爱情不再抱有任何期待的怨妇。

朋友和老公最终还是选择了分道扬镳。在离婚后的很长一段时间里，我朋友都不再对爱情抱有任何期待，她甚至觉得爱情这种东西本来就不太靠谱，所以她转而把自己全部的精力都放在了工作上。

一次偶然的机会让她认识了一个比自己小几岁的海归男，海归男很喜欢她，所以没过多久就开始主动追求她。但经历过一段失败的婚姻，她已经不再像从前那样容易打开心扉了，她担心自己的全情付出到最后还是落得个惨淡收场。

但让人意外的是，前段时间再次见到她，她已经和海归男在一起了，而且她的状态看上去非常好。她对我们说在和海归男相处了一段时间后，她觉得他真的特别温柔。因为之前受过情伤，所以我朋友在一开始的相处过程中总是小心翼翼的，即便是平时发消息给对方，也会担心自己说错话，稍微有表达得不清楚的地方，她就会马上撤回信息。他们两个人出去吃饭，我朋友总是抢着买单，就连男人送她礼物，她也会觉得不好意思，非要还给对方一个价值差不多的礼物。

她说她一直觉得自己没有多好，根本就配不上别人那么用心地付出，但她的男朋友非常认真地对她说："亲爱的，我不知道你以前到底经历了什么，但现在咱们在一起了，你就再也不用担心什么了，你想说什么我都接得住，你想做什么我都会无条件地支持你。"

他告诉我朋友女孩子就是用来疼的，但我朋友总是一副很懂事的样子，这让他看得特别心疼。他说他想和她分享所有有趣的东西，想带她去一切她想去的地方。他只想呵护她，这个世界曾经亏欠她的温柔与耐心，他都会加倍补偿给她。

讲到这里，我朋友露出了幸福的笑容，她说男朋友是一个包容度很高的人，他从来不会为了一点儿小事就乱发脾气，她想做什么，男朋友就会默默地陪在她旁边；他完完全全地信任她，从来都不会对她的决定指手画脚，更不会对她恶语相向。我朋友也因此慢慢地重新恢复了自信，整个人都变得漂亮又阳光。

所以女人在一段感情中过得好不好，是可以从她的状态上看出来的。一个足够爱你的男人，他的温柔，他的耐心，他的包容，他的偏爱……都会毫无保留地给你，他看得到你心里最柔软、最敏感的部分，然后能用温柔一一将它们抚平。

一个温柔的男人到底是什么样的呢？我想应该就是下班后回到家里，看到妻子正在做饭，就会主动上前帮忙择菜；下雨时不是责怪你没有带伞，而是直接拿着伞去接你；和心爱的人吵架后，他会拥抱对方，主动认错……

就像钱锺书对杨绛说的一句话："没遇到你之前，我没想过结婚，遇见你，结婚这事我没想过和别人。"我想，一个男人最大的魅力应该就是温柔吧，他或许可以用冷酷的态度去面对这个世界，但当遇到他真正爱的人时，他的心就会瞬间柔软下来。

我有一个婚姻生活非常幸福的朋友，她给我分享了她和她老公甜蜜的日常。

我朋友上班的地方离她老公的单位非常远，但是一年四季，无论刮风下雨，她老公都会穿过大半个城市去接她，而且她老公对每天接她下班这件事总是显得乐此不疲。他每天到我朋友公司大门口的时候，都会很开心地给我朋友打电话说自己来接她了，好像是在向所有人骄傲地宣告：我可是个有媳妇可接的人！

在接到媳妇后，他总会一边开车，一边绘声绘色地跟我朋友讲述这一天发生的各种事情，他那个急切又亢奋的样子总让我朋友有一种她老公已经有一年没有见到她的感觉，让我朋友直呼受不了他。

每年快到我朋友生日的时候，她老公往往提前一个星期就开始念叨："距离我老婆的生日还有五天……还有三天……还有两天……"每当他这么念叨的时候，女儿总会一脸无奈地看着他，而他就会朝女儿瞪眼道："怎么了，清楚记得自己老婆的生日有什么问题吗？"

等到我朋友过生日的那天，她老公就会当着女儿的面把自己提前写好的情书交到她的手上，然后对女儿说长大以后要好好保护妈妈，因为妈妈是爸爸的公主，女儿是自己的宝贝，等宝贝长大以后，也会有像爸爸一样的人去好好保护宝贝。

别看朋友的老公总像个长不大的孩子一样，我朋友也会经常做一些小孩子才会做的事情。她有的时候会趁老公还没起床，故意拿起老公的手机给自己发红包，然后再悄悄地放回去继续装睡，她老公会突然睁开眼睛一下子把她搂到怀里逗她："自己偷摸做坏事，被我发现了吧？"

对相爱的人而言，婚姻真的是幸福的升级版，而对没有爱的夫妻来说，多生活在一起一天都是一种痛苦的折磨。婚姻并不是单方面的消耗，一段好的婚姻是互相成就的，身处婚姻中的两个人也会因为这段稳固的关系而获得更多的自由。

对女人而言，有了对方坚定的信任和支持，你会逐渐成为那个你有潜力成为的人，并且在人生的道路上变得无所畏惧。

其实女人对嫁人的要求并不高，只要找到那个心里装着她的人就行了。在两个人的世界里，只要男人能给她足够多的偏爱，女人就愿意赌上她后半辈子的幸福，和他相守到老。

我有个生意做得很不错的朋友，他和老婆结婚十年，把老婆养胖了足足四十斤。在这十年之中，他常常会因为老婆的一句"想吃家乡的豆沙糕"，就马上跑到一百多公里外的老婆的家乡去买地道的豆沙糕。

我有个朋友结婚前连鸡蛋都不会炒，结婚后直接变成了家里的大厨。有一次他老婆说她妈妈的炒茄子是全世界最好吃的，他就跑到丈母娘家拜师学艺，把他老婆最喜欢的妈妈牌茄子做给她吃。这还不算完，他每天都会想着法子给他的老婆换菜单，写好后发给老婆，还要打电话叮嘱她："老婆，最近不要老点外卖，你想吃什么要告诉我，直接在我发你的菜单上画个圈就行。"

在一次聚会上，这两口子还给我们撒了一把狗粮：他老婆说她上镜脸很大，我朋友说没事儿，咱们有酒窝。他老婆说自己胖得衣服真的穿不下了，我朋友说没事儿咱再买新的。他老婆说她这么胖会不会显得她很不自律啊？我朋友说没事儿，能

　　　　　　　　　　　　别再为爱自卑了

吃是福。

我们都说他这样下去，会把老婆宠坏的，但我朋友却不以为然，笑着对我们说："我老婆除了工作，也没什么别的爱好，就是喜欢吃点儿好吃的，她就这么一点儿要求，所以我一定得满足她。"

爱一个人的时候就会变得满心满眼都是他，想把最好的都给他，觉得他配得上这世界上最热情的赞美，他所有的优点都会让他更加闪耀，他所谓的缺点也会让他更加可爱。也许找到对的人，就是找到了一边嫌弃你幼稚，一边还要兴致勃勃地加入你的游戏的那个人吧。

第 五 章

婚姻里，
哪有那么多理所当然

怎么治妈宝男

如果你遇到的男人已经到了谈婚论嫁的年龄，还一口一个"我妈说"，不要犹豫，赶快跑，因为你大概率是遇到妈宝男了。

如果你不太走运，在和一个男人结婚之后，才发现他是个连最基本的生活自理能力都没有的"巨婴"，那么不妨看看我的朋友是如何让她的老公快速成长起来的。

我朋友和她老公是通过相亲认识的，她的老公长相帅气，个性温和踏实，日常的相处中，我朋友并没有感觉到对方身上有什么明显的缺点，于是在交往了一段时间后，两人顺理成章地领证结了婚。这本来是一个令人羡慕的故事，但婚后男人的表现却出乎了我朋友的意料。

幸福的婚后生活体现在一餐一食中，但要命的是朋友的老公不仅不会做饭，连盛饭端饭这种小事也要等着我朋友去做。

　　　　　　　　　　　　　　　别再为爱自卑了

起初我朋友在每天下班回家后，顾不上休息就直奔厨房，做好饭后，自己再把饭菜餐具都摆好叫老公来吃饭，而她老公呢，只负责把她辛苦劳动的成果放到嘴里就算完成了任务。

时间久了，我朋友发现自己的老公并没有表现出任何对她辛苦的体谅，反而把这一切都当成了理所当然。她跟老公提出希望自己在做饭时能得到他的帮助，但她老公却认为这些不都应该是女人做的事情吗？以前在家的时候，他的妈妈就会给他洗衣做饭，所以他不觉得自己现在有什么问题。

我朋友意识到单纯的沟通根本没有办法解决问题，于是改变了策略，从那以后，我朋友每次做好了饭就自顾自地吃起来，不再理会自己那个等着饭送到嘴边的老公。遭到这样的对待，她的老公起初会嘟囔着抱怨几句，可是见我朋友对他的抱怨没什么反应，又觉得不能和自己的肚子过不去，所以只好自己去盛饭。

据我朋友描述，她老公最初盛饭时经常把饭掉到碗的外面，这让她很无奈。她老公结婚前应该真的一点儿家务都没有做过，不仅仅是做饭，洗衣服也是完全不会的。我朋友捺着性子像教小朋友一样手把手地教老公洗衣服，但她老公一万个不情愿，说家务活就应该是女人做的。我朋友听到这样的说法后实在懒得和他理论，从此只洗自己的衣服，并告诉老公如果他不愿意洗自己的衣服，那就只能一直穿着脏衣服了。

谁知她老公这次急了，竟然跑到他妈妈那里告我朋友的状。朋友的婆婆也是个护犊子的人，直接找上门来要和我朋友理论。我朋友见到这样的情景，对着母子俩毫不客气地就一通数落："二十多岁的大男人了，连个衣服都不会洗，你儿子他是缺个胳膊还是少条腿？妈，如果你能向街坊邻居亲口承认自己的儿子是个残疾或智障，那我就给他洗衣服，否则是不会帮他洗的。"

最让我朋友觉得无语的是，每当需要洗衣服做饭的时候，她老公就会理所当然地想到她，可每当发工资的时候，她老公就会把钱全数转到婆婆的账户上，婆婆只需要给自己的儿子发一些零花钱就可以了。

刚结婚的时候她并不知道这件事。直到某天她让老公去买些生活用品，她老公说没钱的时候，她才得知原来一直以来她老公每月赚来的钱大部分都是要上交到婆婆那里的。于是她跟老公商量，可不可以由他自己掌管钱财。因为既然他已经组建了自己的家庭，家庭生活肯定会产生各种开销，需要两个人共

别再为爱自卑了

同来支付，而如果这部分钱都让她自己来出，这对她来说也未免太不公平了。

但我朋友的老公死活都不肯跟他的妈妈提出这样的要求，无奈之下，我朋友再一次"以其人之道，还治其人之身"，从那之后，我朋友把她赚的钱也交给了自己的妈妈，每天不再给老公买菜做饭，而是回到自己的娘家吃饭。

这下没饭吃的老公彻底慌了，问我朋友为什么他回到家以后没有饭吃。我朋友的回答也很简单："你没有拿钱回来，自然也就没有你的饭吃。"她的老公反问道："那你的钱呢？""给我妈了。你可以把你的钱给你妈，我为什么不能把我的钱给我妈呢？"我朋友这么跟老公说。

果然不出所料，没过多久，她的婆婆带着她那个爱告状的老公再次上门质问她："哪里有结了婚的姑娘拿着钱回娘家的？"

我朋友反驳道："那你儿子的钱不也都交给你了吗？合着我们一起生活，就只花我的钱，靠我养着呗？我又不是他妈，也不想白白养着这么大个儿子。我们结婚后一直是自力更生，从来没靠你们养活。虽然住的房子是你们家的，但我们家也不是没有房子，如果你愿意，我随时可以带着你儿子回我家的房子去住。"

她的婆婆也毫不示弱，叫儿子也回自己家吃饭。自此，他们两口子过上了只有在晚上才双双回家睡觉的生活。但时间长了，这样的做法难免会被邻居议论。我朋友完全没有把这些议论放在心上，她的婆婆见状，还是顶不住压力妥协了，从那以后就再也不替儿子保管他的工资了。见识了儿媳的强硬手段，婆婆觉得这个姑娘实在不好惹，有心想让儿子离婚，却又自知理亏，这件事也就不了了之了。

从那之后，我朋友就开始劝说她老公主动去分担一部分家务。从一些简单的家务开始做起，并开始告诉他一些在他们的家庭生活中必须共同遵守的约定，像吃了饭就要洗碗，如果不洗碗就不会再有一顿饭等诸如此类的奖惩规则。

朋友深知自己的老公自小就被毫无原则地宠溺纵容，大小事情都被妈妈一手包办，在他的世界里，妈妈是一个太过强大的全能角色，而他在享受被保护的同时，也愿意听从妈妈的一切安排。因此即便已经成年并且组建了自己的家庭，他还是会在遇到问题时，就习惯性地像之前一样，随时准备着躲到妈妈

别再为爱自卑了

的背后，即便在置身事外的人看来，这样的画面也非常滑稽好笑。

因此每当我朋友和她老公出现矛盾时，她老公就会顺势把矛盾转换成为老婆和母亲这两个女人之间的矛盾。这就是遇到妈宝男最让人头疼的问题：在解决妈宝男的问题之前，必须先解决宝妈的问题。

一段关系出现裂痕或者摩擦就弃之不顾，其实是一种不够成熟的表现，你总要自己努力过，才能知道两个人会不会走到无法继续相处的那一天。

经历了此前的种种，我的朋友做了一个决定：在老公学会照顾人之前是不会生孩子的。她跟老公说，除非他学会做所有家务，并且能够主动分担她的辛苦，成为一个有担当的男人，否则她觉得以她老公当时的状况根本无法成为一个称职的父亲。

果不其然，这个消息很快就传到了我朋友的婆婆那里。老人家自然是盼着早日抱孙子的，听到儿媳这么说，心里急得要死，可她又实在拿我朋友没什么办法，只能转头劝说自己的儿子，要他平时在家要学着多长点眼力见儿，多帮着老婆做做家务。

在婆婆的劝说和我朋友的耐心教导下，男方在结婚一年后终于能把家务做得有模有样了。起码他不再把别人的付出当成理所当然，也掌握了一些家庭生活的基本技能。一个人是很难被改变的，实现彻底的二次成长更是难上加难。

我朋友说她当时已经默默在心里筹划好了两条路：要么看到老公为他们的生活做出改变，然后继续跟他生活下去；要么就离开他，继续和这样的男人生活下去是没有任何指望的。

计较自己的付出有什么错呢？如果老公不愿意在她干活的时候表示感谢，如果老公不能在她需要时为这个家多花一分钱，如果老公无视她所有的需求和付出，那强撑着维持这段关系又有什么意义呢？及时止损才是最明智的选择。

真正爱你的人，或者想要跟你过日子的人，应该是懂得最起码的感恩的。但事实就是有很多男人压根儿没有办法体谅你的辛苦和难处，不管你尝试和他们好好沟通还是跟他们激烈争吵，只要感觉不到痛，他们就不愿做出任何改变。这个时候千万不要妥协退让，尝试用他们能够理解的方式，用他们对待你的方式去对待他们，只有他们自己感到不舒服了，就算为的是让自己今后过得舒服一些，他们也会尝试着做出部分让步的。

我的朋友算是幸运的，经过一系列的努力，她老公和婆婆终于意识到她是一个有思想、有血有肉的人，并不是一个用来传宗接代的生育工具。

在现今的很多家庭中，真的有很多被忽视的妻子，她们很多时候会被当成一顿必须出现在餐桌上的晚饭，一台必须定点清扫地板的机器，一件必须全天候等待哺乳的喂奶工具。而她们偶尔变成一个转换电视的遥控器时，家里的男主人就会觉得她们格外刺眼，觉得她们的出现怎么显得这么不合时宜。

夫妻关系和很多其他类型的关系都是类似的，一味地付出和一味地索取都会导致关系恶化。既然我们都是需要彼此的，那就需要我们进行"你来我往"的互动，互相爱护，也互相亏欠，退让只能换回变本加厉的压榨。我希望每一个妻子都是被看见、被珍惜的，也希望每一个女性在想要照顾别人的时候，一定要先照顾好自己的心。

你是否有一瞬间对婚姻失望过

你有没有在某个瞬间突然对婚姻失望呢?

我在网上看到这么一个真实的故事,为了方便讲述,就以第一人称来说出这个故事。

十多年前我们家的二十四小时药房招了一个做中晚班的店员,她的工作时间是从傍晚六点到凌晨两点。我们招的这个店员是个年轻漂亮的女孩子,她的皮肤白皙,笑起来也特别好看。当时我爸妈其实是不怎么想要这个女孩子的,因为他们担心大晚上让这么年轻的一个女孩子去看店,万一遇上什么事她一个人应付不来,但是女孩看上去特别需要这份工作,所以我爸妈还是同意她来上班了。

在相处了一段时间后，我们才从女孩的口中得知，原来她已经结婚了，刚结婚的那段时间，日子过得也还算不错，但好景不长，在她结婚不久后，她的婆婆就染上了赌瘾，而且在一段很短的时间内，欠款就达到了将近一百万元，这在当时的农村无疑就是一个天文数字。

看着婆婆被四处追债，她和老公也没有办法做到袖手旁观，于是他们狠了狠心，变卖了所有的家产，但债主还是总能找到他们，他们也终于不堪其扰，无奈之下，她不仅变卖了自己所有的嫁妆，还从娘家借了不少钱，但和一百万这个巨大的数额相比简直就是杯水车薪。在身无分文的情况下，她和老公最后只能选择狼狈出逃。

她说刚出逃的那段日子里，两个人因为没有钱，自然也不可能有住的地方，所以晚上只能睡在大街上。为了多挣点儿钱，她白天在工厂上班，晚上就来药店当店员。她和老公结婚不到半年，两个人也没有孩子，为了婆婆的债，何至于走到这样的地步呢？换作别人，可能根本就挨不住这样的辛苦，早就和男人一拍两散了。

但她说，即使被自己的亲妈骂，也咬牙不肯离婚的原因是这个男人是她自己选的，他们经过了五年的自由恋爱才好不容易走到结婚这一步，她很珍惜他们之间的感情，也相信自己的决定。她说除非他们当中有一个人死了，否则这辈子都要一直在一起。

我见过她的老公，那个男人的长相很普通，但是很会说话。尽管他也打好几份工，但他每天都会送自己的老婆来上班，还会给老婆买好茶叶蛋。夫妻俩在分别的时候，还互相笑一笑，男人把茶叶蛋塞给老婆后才依依不舍地离开。

就这样过了差不多两年以后，这个店员辞职离开了，她说自己要换份别的工作了。我妈看她在工作期间干得不错，在她走的时候还给她包了一个大红包。从那之后，她也慢慢地消失在了我们的生活中。

再次听人提起她是在今年年初的时候，当时我们已经搬去了新家，有一天我们一家人在吃饭的时候聊起了楼上的一户人家，从他们的交谈中，我才知道我们家楼上住了一个第三者，而我们楼上的这套房子就是那个出轨男买给第三者的。那个出轨男不是别人，正是当初我们药店店员的老公。

她老公在工作一段时间后攒了些钱，最后索性把工作辞了下海做起了生意，因为她老公肯吃苦，头脑灵活，嘴巴也甜，不仅赚了钱，生意也越做越大。他用赚来的钱替自己的妈妈偿还了所有的债务，还把妈妈从农村接来享福。但与此同时，男人在男女关系上也越来越肆无忌惮，他到处拈花惹草，和周围很多我们认识的、不认识的女人都有着说不清道不明的暧昧关系。

后来在一次大型聚会上，我再次看到了这对夫妻，如果不是爸妈的提醒，我当时根本就没有认出他们来：男的红光满面地走在前面，女人则抱着孩子走在后面，当初那么恩爱的苦命鸳鸯，如今却貌合神离，他们全程都分别做着各自的事情，基本没和对方有过什么交流。我从女人那里感受到她对婚姻深深的失望。

尽管我们都不愿意承认，但在我们周围像这样的婚姻并不在少数：男人遇到巨大的苦难时，女人可以做到不离不弃，不断地支持对方、鼓励对方；而在男人发迹之后，像这个故事中店员老公那样忘恩负义的例子实在是太多了。

所以我越来越觉得，有的时候真的不能责怪女人看重物质条件，她们在结婚的时候想要找个条件好的并没有错，因为诸如此类的前车之鉴实在太让人无奈了。

往往原配陪着男人吃苦受罪，而等到男人发达了，就马上抛弃原配及孩子。而原配的处境就很艰难了，因为之前对男人充满了信任，所以根本就没有想过自己会被迫出局。如果男人还有点儿良心，或许能分一部分财产给原配；但如果男人诚心要将她扫地出门，不仅会悄无声息地转移财产，有时甚至会不惜把女人送进大牢。

因此，如果按照这个逻辑来讲的话，女人还不如直接找个本身条件就不错的男人，就算男人有二心，因为没有跟着这个男人吃过太多苦，自己没有受到太多的亏待，所以只要做到及时止损就好了。毕竟有的男人是只能共苦而没有办法同甘的。

最让人难以接受的是，有些男人在穷困的时候老实本分，某天突然暴富就暴露了好色的本性。他之前没有到处拈花惹草只是因为没有本钱，也没有资格，别人压根儿就瞧不上他，而

别再为爱自卑了

他之所以选择你，也不见得是有多爱你，只不过是他没有更好的选择罢了。

你在他困难的时候选择了跟他共同扛起生活的重担，而他实在不是一个知道感恩的人，他最可怜、最卑微的样子都被你看过了，他最不愿回想起来的那段屈辱的记忆里也是你在全程参与。这让他觉得只有甩掉你，才能甩掉他那段不堪的发家史。而你的存在恰恰就是在时时提醒着他落魄的曾经。

一个做生意的朋友和我说，他见过太多这种始乱终弃的人，那些有点儿钱就出轨的男人实在是太多了，他们之间的区别无非就是有没有离婚，或者有没有私生子。

所以女孩子在找另一半的时候一定要睁大眼睛，要么就找个老实忠厚的男人过一生，生活无非就是平平淡淡，一日三餐，很简单，也很幸福；要么干脆找个门当户对的人，两个人起点相当，生活目标一致。

最让人担心的就是有些男人从一开始就想要把家境好的女孩当成他们实现事业跃升的跳板，他们之中，有些是具备相貌、学历上的优势的，一开始他们也会对女孩表现出一副百依百顺的样子，让女孩觉得他们是性情温和又潜力无限的有志青年，可等到女孩举全家之力填补了丈夫在财富上的短板后，自知目标已经达成的男人就会想要摆脱女方家庭的束缚，完完全全地露出自己本来的样子，所以女孩子们真的要想好，万一遇到了这样的人，应该如何应对。

关于婚姻，我有几个忠告

前一段时间我接到了最好朋友的电话，她说她办好了离婚手续。她的经历让我很是唏嘘，她从此就要带着刚满一岁的孩子独自生活了。电话里，她的语气非常平静，但我心里却感慨万千。所以我想把自己对婚姻的想法分享出来，如果能引起一些还没有进入婚姻的朋友的一点儿思考，那我也算是达到了目的。

每个人对待婚姻的态度是不同的，有些人压根儿就不在乎婚姻：他们有的只是想随便找个人过日子，有的只是为了随便找个人生孩子，还有的只是单纯地为了找个过夜不收钱的地方。对于这些人的婚姻，我不想进行过多讨论。

我真正想讨论的是正常的，或者说是我们普遍认知里的质量较高的婚姻。我想，每个人心里都会有一个理想的婚姻模式，而在我看来，婚姻的状态也是有很多种的，不过让人最舒服的婚姻一定是有爱的。

可能有些人会对这一点产生怀疑：爱情必然是有保质期的。但我认为有保质期的，那不叫爱情，而叫激情。激情掺杂的因素太多了，性欲、吸引、感动、兴奋等，想要在长时间内维持一种亢奋的状态确实很难，一旦过了激情期，两个人的感情是很容易迅速降温的。

谈恋爱的时候，激情是两个人关系中最好的催化剂，然而在面对婚姻的时候，无论男女，都要尽量让自己回归到一个理性的状态，我们必须思考在去除激情的成分后，还有什么可以维系婚姻。

这个思考过程是非常重要的。因为婚姻不像恋爱那么简单，虽然婚姻无法继续下去了还是可以选择离婚的，但有时离婚并不是彻底解脱，它可能是另一个麻烦的开始。

对很多男人来说，确定自己到底爱不爱一个女人是非常关键的一个思考步骤。我可以很肯定地说，很少有男人能够想清楚这个问题。男人的天性决定了他们对女人的青睐很大程度上取决于女人美丽的外貌。从进化心理学的角度来讲，男人为了保证自己的基因能够更多更好地保留和延续下去，就会尽可能多地与女人交往、繁衍，也因此，他们会选择更多数量、基因更优秀的女人。

但婚姻恰恰是反天性的存在，一个男人一旦选择了婚姻，那就注定了他要克服自己的天性，只能选择和一个女人共同生活，并且不出意外的话，在往后的几十年里，他都要天天面对着这个女人，和她共同抚育自己的下一代。即便男人有幸选到了一个漂亮的姑娘，也要做好一定的心理准备，因为眼前这个即将嫁给你的美女，不出几年就会生孩子，身材可能会因为生孩子而严重走形，皮肤可能会发黑，眼角也会慢慢布满皱纹。对于这些未来可能发生的事情，又有多少男人会提前做好充分的思想准备呢？

婚姻并不是儿戏，它不允许人们随着自己的喜好，随意做自己想做的事情。那种没有爱的婚姻是非常危险的，因为缺少了对另一半足够的爱，很多男人是没有办法克制自己的生理欲望的。

那些信誓旦旦承诺自己绝对不会朝三暮四的男人，可能他们在说出誓言的时候，根本就不理解自己誓言的分量。只要看看那些较为年长的出轨男就知道了，他们通常比我们这一代的道德观念还要保守，他们的妻子也都是和他们共患难走过来的，他们在出轨的时候是否有那么一瞬间想起过自己妻子的好？

我不知道出轨男在突破最后防线的那一刻，是拿什么来当作宽慰自己做错事的借口的，但显然所谓的道德约束和法律约束在他们遵从自己本能的那个时刻，已经显得不值一提了。

每个人在领结婚证的时候，都没有想过有一天还会去办理离婚证。但很遗憾的是，现在离婚的人越来越多了。男人只有把性欲、感动等因素全部抛开，才能真正认识到自己对一个女人的感情到底是不是因为爱。

尽管爱不能解决婚姻中的所有问题，但爱可以给男人提供解决问题的动力，如果他们连好好去经营婚姻的动力都没有，那这样的婚姻对女人来说是很辛苦的。

结婚对很多男人而言就是责任的代名词，男人往往在有了承担责任的决心时才敢谈婚姻。所以他们需要找到真正爱的人去组建一个属于自己的家庭，一个愿意用自己的余生去认真付出的家庭，而如果勉强和一个自己不爱的人结婚，那么在他们的认识里，家庭可能就没有多么重要的意义了。

很多妻子会抱怨和自己的丈夫没有共同语言，如果夫妻双方都是通情达理的人，那么问题很有可能就出在男人不会沟通，或者不愿意沟通上。这一条对真正相爱的人来说，根本就不是问题：女人喜欢唠叨，男人就听得惯这样的唠叨，尽管这需要一个互相磨合的过程，但对两人来说，这就是一种增进感情的渠道，因为真正相爱的人永远都会站在对方的立场去思考问题。

男人没结婚时都是潇洒的，一旦结婚，负担和责任就来了，两个人的结合带来的压力一定是巨大的，所以一定要考虑双方的承受能力。男人要是自己没有能力去承受这样的压力，就不要打肿脸充胖子，闹到最后得不偿失，反而耽误了彼此的人生。

如果女朋友喜欢钱，男人也觉得自己有这个实力，那就娶回家好好待她；要是觉得自己没钱，那也不用砸锅卖铁，非得让自己背上沉重的经济负担，因为有些负担一旦背上就要搭上一辈子。

在婚姻当中，那些肯为家庭努力奋斗的女人是值得被好好珍惜的，而且单是两个人一起为了改善境遇而认真生活的过程就已经是婚姻中非常宝贵的财富了。在现实生活当中，这样踏实又上进的女人真的一点儿都不少。如果男人每天都盯着那些花枝招展、想靠嫁人改变命运的年轻女人，那就不要怪女人现实；如果男人从来没有好好规划过自己的未来，那就不要怪女人不肯陪自己一起奋斗。

婚姻并不是人生的全部，两个人携手一生，相助则利，相阻则损，性格互补也好，志同道合也罢，彼此成为对方的助力真的是非常重要的。如果两个人结婚前就感到很疲惫，最好还是先不要结婚，因为在大多数情况下，婚姻是无法改变一个人的。家是港湾，是一个让人快到家门，就会不自觉地加快脚步的地方；是一个让人一回到家就会彻底放松，卸下所有伪装的地方；是一个让所有笑容都发自真心的地方。所以，如果你对婚姻暂时还感到迷茫，不妨静下来仔细想想，婚姻究竟会给你带来什么。

别再为爱自卑了

当你发现男人撒谎时

我认为女人天生就有可以发现男人说谎的能力，她们总是能轻而易举地发现男人撒的小谎，但男人却总是冒着被戳穿的风险孜孜不倦地在糊弄女人的这条路上越走越远。

有意思的是，尽管男人一般有着非常丰富的撒谎经验，但在谎言被揭穿的时候，基本上没有什么招架的能力，来来回回就那么几招。而如果说一个男人做了对不起你的事情，情况大概会是这样子的：

如果他在某天做了一件他认为对不起你的事情，而这件事又刚好没有被你发现，那么他一定会觉得自己逃过一劫，实在是万幸，出于他心里的那一点儿愧疚，他会莫名其妙地对你很热情，比如，逛街的时候顺手买个小礼物送你，或者没头没脑地来一句：宝贝我爱你。

如果你只是隐约地察觉到他背着你做了什么坏事，但是又没有抓到什么实质性的证据，那么他为了让这件事赶紧过去，就会随便编个理由敷衍你："宝贝，你想多了，我只是最近太忙了"，或者"她只是我的客户""她只是我的妹妹"……

如果你已经掌握了他出轨的证据，但是还没有亲自看到他出轨的现场，那么，到了这种时候，他就会死不承认。你只是想要一句他的实话，但他是绝对不会这么轻易就向你承认的，反而会因为被抓到证据而恼羞成怒，还妄图把错误推到你的头上："你要是这么想的话，我也没话说。你怎么总是这么多疑，你怎么就不相信我呢？"

如果你不仅有他出轨的证据，而且证据确凿，他无法抵赖，那么他就会这么说："宝贝，我只是不小心喝多了，我真的是不小心，而且你最近总是冷落我，我也是被逼无奈的。你放心，我现在就去把话跟她说清楚，我是爱你的。"如果这套说辞说服不了你，他就会马上不耐烦起来："你到底想怎么样？我已经这样了，你还想让我怎么办呢？"

所以你发现了吗？如果一个女人被骗，在绝大多数情况下，是由于这个男人故意想骗她，男人会有意识地去撒谎。而如果

别再为爱自卑了

一个男人撒谎，在绝大多数情况下，是因为这个男人觉得随便哄一哄女人就能顺利过关了。

一个男人选择欺骗，往往是因为他高估了自己息事宁人的能力，也低估了撒谎可能造成的严重后果，如果做错事情也不会受到任何惩罚，那犯错基本上就是没有任何成本的。女人很容易在看到男人求饶下跪后就心软原谅他，但如果换位思考一下，如果女人自己犯下和男人相同的错误时，男人也能因为心软就轻易地原谅你吗？

为什么女人害怕生孩子

　　我的一个朋友从怀孕到生产，整个过程都非常辛苦，但因为老公的全程参与和照顾，她觉得生孩子其实没有她之前想象的那么可怕。

　　她跟我说她在怀孕初期孕吐非常厉害，当时整整吐了三个月。因为完全没有食欲，再加上吃什么吐什么，所以从怀孕的第五周开始，她的体重开始疯狂下跌，到了第十八周的时候，她的体重比怀孕前整整掉了十几斤。

　　她说她孕早期见红很危险，立刻被安排住进了医院，这期间她老公一直很用心地陪护。在那之后的一个月里，只要她住院，她老公就会在病房打地铺陪床。所以尽管她心里总会有种不踏实的感觉，但她老公总能出现在她一转头就能看到的地方，让她在最害怕的那段时间里多了一种力量和安全感。

别再为爱自卑了

因为我朋友在发现自己怀孕后就离职了，所以她在怀孕的那段时间里是没有什么经济来源的，但不管她多会儿开口向老公要钱，她老公都会很爽快地把钱打给她，不会问她为什么要花钱，也从来没有跟她说过"省着点儿花钱"之类的话。她怀孕的时候总会突然冒出特别想吃某种东西的想法，她老公总会在第一时间买来她想吃的东西；有的时候遇到她想吃但不适合在孕期食用的东西，她老公也会买给她，只不过在她尝了一口以后，她老公就会把剩下的吃掉。

　　我朋友说在她吐得最厉害的那段时间里，她老公对她说，每次看到她难受的样子就觉得心里不是滋味，有一次她吐得很厉害，她看到老公在旁边悄悄红了眼眶，然后默默为她准备好漱口的温水、擦嘴的纸巾和用来更换的垃圾袋。只要听到我朋友吐了，无论她老公当时在做什么，都会立刻去准备温水和纸巾，等我朋友吐完后马上扶她休息，帮她收拾。朋友说她老公平时睡觉很沉，是个打雷都吵不醒的人，但她在半夜突然感到恶心的时候，她老公就会条件反射似的从床上坐起来，给她准备漱口水和纸巾。

　　我朋友在孕早期只要稍微饿着，就会觉得非常难受，那时候她的状态就是饿了会吐，吃多了也会吐，所以她不管什么时候觉得饿了，她的老公和婆婆都会在第一时间给她准备吃的。我朋友说她当时很喜欢吃泡饭，他们就会给她准备泡饭，又怕她总吃这个营养会跟不上，所以总会在给她送泡饭的时候，再贴心地送来一个煎蛋。

到了孕中期，朋友终于不再吐了，但一个人待在家里总感觉闲得发慌，她的身体条件又不允许她去太远的地方逛，所以她老公只要一有时间，就会在下班以后开车带她兜风，她说哪怕只是坐在车上看看沿途的风景也是好的。

后来到了孕晚期，她在一次洗澡的时候看到镜子里的自己很丑，情绪突然有些崩溃，心里有种抑制不住的难过和失落，她对老公说："老公，你看我现在的样子，像一只青蛙，真的太丑了。"

她老公安慰她说："并不会啊，这其实是另一种美。"即便她知道那只是对她的宽慰，她的焦虑也会得到缓解。

因为孕期需要打肝素，我朋友的肚子上出现了很多淤青，朋友的老公为了给她敷肚子，就自己买来土豆，把它们切成薄片，再一片一片地贴到她肚子上，用来缓解皮肤的不适。她每个月都要去医院复查验血，而她老公会尽量陪在她身边，即便有时实在抽不出时间，也会拜托自己的妈妈陪着儿媳去医院做检查。

我朋友的体质不好，怀孕的时候经常要打针输液，和很多身体素质好的女生相比，她的的确确承受了更多的煎熬和痛苦。但她对我说只要心里不遭罪，身上疼一点儿是没什么关系的，咬牙忍忍就过去了。

怀孕生产本来就不是女人自己的事情，在这段时间里，女人不管是身体还是心理都处于一个比较虚弱的状态，所以她是需要一个帮手的。我朋友说正是她老公的鞍前马后，让她顺利地度过了那段难熬的日子。在她精力不足的情况下，她老公为她把一切都安排得非常妥当，该想到的都替她想到了，该帮忙的也都帮她做好了，他实在不能替她承受痛苦的时候，甚至希望老婆打他一顿来缓解疼痛。

朋友最后和我说了一段让我感触很深的话："我们女人怕的不是生孩子，怕的是我们吃了苦、遭了罪、挨了疼，你却觉得这些通通不值一提，还理直气壮地说这些不都是我们作为女人应该承受的吗？可是作为男人的你又做了多少你应该做的呢？"

在我们的生活中，我觉得能像我朋友的老公一样这么细心体贴的男人并不是很多，但我相信绝大多数对自己的另一半还算上心的准爸爸，都会在自己的另一半提出要求的时候做出比较及时的回应。可还是会有一部分男人完全不能体谅怀孕妻子的辛苦，有的甚至会说出特别伤人的话："生过孩子的那么多，怎么就你这么矫情？""有那么难受吗？你表现得太夸张了，别是装的吧？"

　　很多人都催着你早点儿要个孩子，告诉你女人生了小孩才算完整，却很少会有人在乎你怀胎十月的辛苦和艰难。女人一旦当了妈妈，就需要把"妈妈"的身份放在"自己"的前面，把更多的注意力放在小孩的身上。

　　你说你觉得内检非常可怕，他们会说其他生孩子的人都是这么过来的；你把眼泪都挤出来了还是挤不出奶来，他们仍然坚持让你再加把劲儿，说母乳才是对孩子最好的哺乳方式；平时那么爱漂亮重仪容的小姑娘，在生了孩子以后，却得蓬头垢面地坐到尿垫上，在一圈人的围观下，解开衣服给孩子喂奶。这样的场景只是想想就足以让人觉得头皮发麻了，更不用说去亲身经历一遍了。

如果不是别人亲口说过，我是很难想象为什么会有丈夫对刚生完孩子的妻子那么冷漠的。一个算得上认识的朋友就曾经跟我抱怨，说他自从结了婚就没让他老婆出去上过班，他说他一个人养活他们这个家是绰绰有余的，根本不需要老婆出去赚钱，每天还好吃好喝地供着老婆，就是为了让她好好备孕，可是她肚子太不争气了，最后生出来的居然是个女儿。本来打算请个月嫂的，现在看来这个钱也可以省了，等老婆出了院让她回自己娘家，丈母娘伺候着就可以了。

虽然我只是个局外人，可在听到他的这番抱怨后，也会替他刚生产完的妻子感到不值，更何况是真实地被这样对待过的他妻子本人呢？

生孩子这个过程本身就是存在各种未知的风险的，但很多姑娘并不害怕生孩子所要面临的风险，他们大多在准备怀孕的那一刻起，就做好了承担这些风险的准备，她们真正担心的是通过生孩子这件事情看清很多之前没有看清的人，到时候不仅因为生孩子搞得自己元气大伤，身边还多了一个嗷嗷待哺的小生命，又终于彻底明白了身边的男人原来完全不可托付，这是多么令人绝望啊。

所以你说为什么现在的女人都害怕生孩子呢？

因为怕发现自己嫁错人，怕对另一半失望，怕现在的幸福都是自己一厢情愿的脑补，怕生活把最残酷的真相毫无预警地全都摊开在她们的面前。

我认识的一个非常优秀的女性朋友在生完孩子后，也经历过一段难熬的低潮期。她平时不管在工作中还是在生活中都是非常强大而自律的，我觉得即使所有的人都会崩溃，她也依然会雷打不动地执行她的行程表，自信满满地在各个城市的谈判桌和健身房间穿梭。而她的家庭生活也非常和谐幸福，她的老公看上去就是那种温柔体贴的男人，可以说是妥妥的人生赢家了。

但她有一次跟我说起自己生产完的那段时间，一度非常消沉。她说她原本觉得自己是个挺强大的人，但生孩子让她改变了对自己的看法，生完孩子以后，她之前的规律日程完全被这个小朋友搞乱了，这让她突然有了一种对生活失去掌控的烦躁感，再加上刚生完孩子身体不是很好，所以她变得越来越沮丧。

更让她不能接受的是，原本每天都能按时下班的老公在那

　　　　　　　　别再为爱自卑了

段时间里回家越来越晚。当她向老公询问为什么他最近回家很晚的时候，她老公总是说老板要求加班，他也没办法。所以在很长一段时间里，工作、家务、照顾孩子，所有的事情自然而然地都压在了她一个人的身上。

直到她有一天出门倒垃圾时无意间看到老公的车停在院子里，于是她有些好奇地走上前去查看，却发现那个坐在车里放着音乐、打着游戏的男人，可不就是她老公吗？她当时就气不打一处来，拎着老公回到家里。

她崩溃大哭，问她老公为什么要这样对她。为什么宁愿每天下班后躲在车里打游戏，也不愿意早点儿上楼帮她带带孩子呢？她说当时她老公也哭了，他说自己完全不知道怎么面对这个小小的新生命，他说他害怕，怕每天回到家就被老婆骂，怕孩子哭，他根本就不知道怎么当个好爸爸，这一切对他来说太突然了，他就想暂时躲一躲。他只是需要一点儿准备的时间，能不能等一等他，等他想好了，就会立刻追上来的。

我朋友在和她老公抱头痛哭后，互相坦陈了自己当时最真实的想法。当然他们最后的结果是好的，她老公终于在她的帮助下适应了生活上的重大改变，也学会了怎么带小孩，给她减轻了不少压力，她也终于挺过了那段难熬的日子。

有的时候，即便是自身强大，并且和另一半有着深厚感情基础的女人，也难免因为生孩子这件事情而遭受前所未有的挑战。所以如果我们还没有做好充分的准备，那么对待生孩子这件事，务必要慎之又慎。

如今我们获得信息的渠道越来越多，女人们也越来越意识到生育对自己来说意味着什么。每一个女性都必须把生育的自由牢牢地掌握在自己的手里，不要再因为任何人的逼迫而在懵懂的状态下就匆忙生下小孩。

我认为每个女人在成为母亲前，都需要权衡利弊，要彻底地想清楚，自己是不是真的想要孕育一个全新的生命并且为他负责。如果觉得自己完全不喜欢孩子，或者完全没必要生孩子，那么丁克未必不是一个好的选择，毕竟如果明知道自己会成为一个糟糕的母亲，那还不如认真地先过好自己的人生。

别再为爱自卑了

图书在版编目（CIP）数据

别再为爱自卑了/孙能能著. --北京：九州出版
社，2022.9
ISBN 978-7-5225-1157-3

Ⅰ. ①别… Ⅱ. ①孙… Ⅲ. ①个性心理学-通俗读物
Ⅳ. ①B848-49

中国版本图书馆CIP数据核字(2022)第162426号

别再为爱自卑了

作　　者	孙能能　著	
责任编辑	李创娇	
出版发行	九州出版社	
地　　址	北京市西城区阜外大街甲35号（100037）	
发行电话	（010）68992190/3/5/6	
网　　址	www.jiuzhoupress.com	
印　　刷	三河市中晟雅豪印务有限公司	
开　　本	840毫米×1194毫米　32开	
印　　张	6.25	
字　　数	100千字	
版　　次	2024年7月第1版	
印　　次	2024年7月第1次印刷	
书　　号	ISBN 978-7-5225-1157-3	
定　　价	59.80元